EL
PODER
DEL
LENGUAJE
SIN
PALABRAS

BÁRBARA TIJERINA

Prólogo de **Silvia Cherem**

EL PODER DEL LENGUAJE SIN PALABRAS

**Aprende a utilizar tu autenticidad
para un nuevo liderazgo**

AGUILAR

El poder del lenguaje sin palabras

Aprende a utilizar tu autenticidad para un nuevo liderazgo

Primera edición: marzo, 2024

D. R. © 2023, Bárbara Tijerina

D. R. © 2024, derechos de edición mundiales en lengua castellana:
Penguin Random House Grupo Editorial, S. A. de C. V.
Blvd. Miguel de Cervantes Saavedra núm. 301, 1er piso,
colonia Granada, alcaldía Miguel Hidalgo, C. P. 11520,
Ciudad de México

penguinlibros.com

D. R. © 2024, Alejandra Díaz Tijerina, por las ilustraciones de interiores

ISBN: 978-607-383-013-3

Impreso en Estados Unidos – *Printed in USA*

*A Paco, por sostener mi mano con amor
e inspirarme cada día.*

*A mis hijos, cuyo apoyo y cariño está plasmado
en cada proyecto concluido.*

*Ale, gracias por verter tu talento, tu dedicación
y alegría aquí y compartir página conmigo.*

*A Violeta, por nuestra larga amistad que ha creado
nuestro propio lenguaje sin palabras.*

Índice

Prólogo

Los lentes de Bárbara

Silvia Cherem S.

Siempre me ha cautivado lo que se dice sin decir. Lo que el cuerpo o la mirada expresan. La capacidad de leer al otro, de descifrarlo. La fuerza encubierta de ciertos personajes que nos inspiran y, en contraposición, el rechazo o la resistencia que suscitan otros. Las dudas o repulsión sin aparente motivo, como decimos: simplemente porque "no me late", "no me da buenas vibras" o "no hay química"; y la atracción eléctrica cuando sucede todo lo contrario.

Como entrevistadora que ha buscado nadar en las profundidades del alma deseosa de hallar los hilos conductores de cada vida, siempre he estado atenta a la intuición, me he educado en ella. Por años creí que esa capacidad de saber mirar y descifrar al otro, de recopilar información de las pequeñas cosas, detectar señales y focos de alerta, hilvanar y descifrar emociones, era parte de un sistema de antenas que a algunos nos tocaron y a otros, no. Cuando los cercanos me preguntaban cómo le hacía para que cualquier desconocido se desnudara conmigo, para que me revelara su intimidad abriéndose de capa, respondía de manera

11

natural: "es que soy curiosa y preguntona desde niña", "hago la tarea y llego muy bien preparada a las entrevistas", "simplemente sucede, no sé por qué".

Las claves de ese "por qué" las aborda a profundidad Bárbara Tijerina en este libro revelador: *El poder del lenguaje sin palabras*, y a mí me ha permitido entender que, de manera inconsciente, aprendí a mirar, a escuchar las voces y los silencios en una conversación, las expresiones del cuerpo y el lenguaje no verbal. Por esas antenitas que me tocaron, también por mi personalidad curiosa e inquisitiva, he cultivado alguna extraña sabiduría para saber qué y cuándo preguntar, para descifrar los mensajes de los ojos y el cuerpo, para ir resquebrajando el hielo y romper de manera sutil las barreras de la intimidad.

Cuando comencé a publicar en *Reforma* como *freelance*, décadas atrás, Rosa María Villarreal, directora de Soft News, me pidió que la dejara acompañarme con un entrevistado. En aquel entonces me publicaban tres, cuatro y hasta cinco páginas del diario con mis largas semblanzas de pintores y escritores: Octavio Paz, Dolores Olmedo, Vicente Rojo, Leonora Carrington, Francisco Toledo... un sinfín de pintores y escritores a quienes lograba arrancarles secretos de sus vidas, textos en los que agarraba al lector del cuello, lo zarandeaba y no lo dejaba partir hasta llegar a la última línea.

Yo no lo sabía entonces, pero Rosi quería descifrar "mi método", el espacio de confidencias que yo lograba con mis personajes. Entender mis procesos que, siendo honesta, yo desconocía que eran sui géneris. De inicio me dio temor su petición de acompañarme, me preguntaba para qué quería ir, me sentía evaluada, ante mis ojos era ella quien sabía los secretos del oficio, quien me podía enseñar. Aunque me publicaban en amplios espacios, me veía a mí misma como una aprendiz, como una simple diletante cargada de pasión, ganas y buena suerte.

Nunca llevaba fotógrafo ni compañía a mis encuentros con personajes, no me gustaba que nadie nos distrajera, que ningún clic o pregunta fuera de guion rompiera la liga entre entrevistador y entrevistado, esa alta tensión que unía nuestras miradas. Acepté llevar a Rosi con Juan Soriano porque con él ya había abierto el canal de la confianza después de decenas de visitas a su estudio para indagar su archivero personal, para documentarme y revisar todo aquello que le daba identidad; conocía sus rutinas y extravagancias, incluso reconocía los objetos que valoraba o atesoraba. Juan y Marek, su pareja, me habían dejado entrar a su mundo.

El día del encuentro me atreví a pedirle a Rosi que guardara silencio, que si quería intervenir fuera al final. Había cuidado todos los detalles, hasta mi vestimenta porque siempre pienso qué ponerme para lograr empatía con el entrevistado; barajeo colores y estilos. Ese día portaba yo un trajecito sastre azul profundo y una camisa amarillo pálido, iba informal, pero elegante. Me daba certezas el largo cuestionario que había preparado, un trabajo de meses para indagar la historia y trayectoria de Soriano, pero, como suelo hacerlo, sabía que era más un anzuelo para sentirme segura. No pretendía consultarlo, las ideas estaban en mi mente, mi atención sería total a Juan Soriano, su cuerpo y su mirada dictarían el tono, serían la brújula para guiar nuestra conversación.

Juan se sentó primero, vi hacia donde giraba su cuerpo y yo me puse exactamente frente a él, con la suficiente proximidad para lograr cercanía, con la distancia indispensable para no intimidar. Me atreví a pedirle a Rosi que se sentara del otro lado para desdibujarse, para que yo quedara en medio, de espaldas a ella. Pretendía yo capturar la atención y mirada de Juan, conquistar su interés, provocarlo con mis preguntas, escucharlo, detectar el contenido de sus silencios y evasiones.

Era tal mi nivel de concentración en aquel recorrido por tiempos pasados, conmovida por sus luchas para ser, para romper moldes y estereotipos, que me olvidé de que Rosi también estaba en esa sala. Los ojos de Juan eran puerta de entrada a su alma atormentada. A esa infancia en una Guadalajara de cristeros, hipocresías y fiestas libertinas, donde el niño Juan no atinaba a descubrir su identidad. Hablamos de sus luchas creativas y sus incursiones en el mundo del arte. De su obsesión por Lola Álvarez Bravo y su amistad con grandes personajes de su tiempo como Octavio Paz, Rufino Tamayo, Xavier Villaurrutia, Salvador Novo, Juan Rulfo y Alfonso Reyes. De las borracheras y francachelas que podían durar varios días. De los novios prohibidos y las hermanas alcahuetas. De sus largas estancias en Roma o París. Del niño eternamente insatisfecho, del *enfant terrible*.

Sus ojos en los míos confesión tras confesión, mis ojos en los suyos en un abrazo de intimidad. No en balde, cuando me autografió uno de sus libros pintó una mujer que solo tiene ojos en la cara. Ojos gigantes, ojos penetrantes, mujer-ojos, me dijo.

Pasadas cinco o seis horas de entrevista, ya era de noche, cuando Rosi, sin cortapisas, señaló:

—Ahora sí ya descubrí tu secreto.

—¿Mi secreto? ¿De qué hablas?

—Ya sé cómo le haces para que te digan tantas cosas.

—¿Cómo le hago? —le pregunté con genuina curiosidad, quería entender qué vio ella que yo no había sido capaz de ver.

—Hace tres horas yo quería ya irme, pararme a hacer pipí, tomar agua, descansar, comer algo o caminar un poco, pero no hubo forma de que tú pararas. Jamás le quitaste los ojos de encima. Yo ya estaba harta y esto simplemente no terminaba…

Sus palabras fueron una revelación. Uno no se mira, requerí del espejo de Rosi para descifrar algunas claves de lo que yo creía que era natural en cualquier periodista.

Asesora en comunicación, maestra en enseñar a sus clientes cómo ser más persuasivos, Tijerina aborda en estas páginas eso que ella llama el "tercer poder", el del lenguaje sin palabras. Confirma con decenas de ejemplos aquello que Rosi destacó en mí. A saber: que el contacto visual es sustancial para escuchar; para conectar, brindar cercanía y calidez. Es la clave para mostrar que uno está genuinamente interesado en el otro… Los ojos, entrada del alma, franquean posibilidades, susurran, miden y abren o clausuran oportunidades.

En estas páginas, Bárbara Tijerina —experta en inteligencia emocional y con una especialización impartida por expertos de la Guardia Nacional española para detectar a criminales— nos regala nuevos lentes para aprender a leer el lenguaje no verbal, que no es virtud de unos cuantos elegidos. Ella enseña el idioma del cuerpo y, según dice, cualquiera puede tener aptitudes para ser más convincente, incluso para ser líder o vendedor estrella. Tijerina va guiando al lector. Instruye para estar más atento, ser más asertivo, tener carisma y alcanzar mayor grado de empatía.

Guía para gestionar la atención, persuadir y descubrir emociones que permitan crear vínculos de calidad. También, para descifrar mentiras o detectar situaciones peligrosas.

Con ejemplos que vienen a tono, alude a un sinfín de nimiedades que pesan a la hora de descifrar a una persona, tener éxito en una interacción y lograr o no objetivos. Llegar con los zapatos sucios a una cita para lograr un trabajo de cierto nivel puede ser suficiente para no alcanzar el puesto. Apagar la cámara en una reunión de Zoom puede romper la confianza para que no se cierre un contrato. Todo en nosotros habla: la vestimenta, los modales, la puntualidad, las posturas corporales, la cercanía o la distancia física en un encuentro, el brillo de los ojos, el lenguaje de manos y pies, el tono y ritmo de la voz, la velocidad al hablar, la respiración agitada, las pupilas que se contraen o dilatan, el tipo de sonrisa…

Todo ese cúmulo de elementos constituye el lenguaje silencioso que proyectamos al relacionarnos, todo habla y todo cumple un propósito porque, como enseña, "se puede mentir con las palabras, pero con el cuerpo, jamás".

En este libro hay una infinidad de habilidades que podemos aprender para conocernos y para descifrar a terceros. De la mano de Bárbara podemos captar vacíos, evasiones, dobles mensajes y miedos. Asesora de un sinfín de personajes públicos, brinda estrategias para estar más atento a la inteligencia emocional, para darles nombre a las percepciones y gozar de un olfato más perspicaz que permita fluidez, destreza, inteligencia y creatividad en las relaciones interpersonales.

Maestra por vocación y convicción, Bárbara Tijerina da cátedra para aplicar todo lo que enseña: cómo sacar lo mejor de uno mismo y de la gente que nos rodea. Es tiempo de actuar, no solo de soñar, nos dice. Tiempo para vencer miedos y pensar fuera de la caja. Tiempo de soluciones. Tiempo de creer en el propio potencial para ser generosos con nosotros mismos y con los demás.

Estas páginas contienen ese nuevo alfabeto: el poder del lenguaje sin palabras, ese potencial del que Bárbara Tijerina es experta y voz inapelable.

Introducción

El cuerpo habla, es lo más honesto

La forma más común de renunciar al poder es
pensando que no lo tenemos.

ALICE WALKER

Recuerdo perfecto una vez que regresábamos de un viaje acompañados de una pareja de amigos, llamados Jorge y Olga, y sus hijos. Salíamos con ellos frecuentemente y siempre la pasábamos increíble. Esta vez, sin embargo, noté que las interacciones entre Jorge y Olga eran casi inexistentes.

Se relacionaban con todos a su alrededor y entre ellos se trataban con respeto, pero era claro que entre ellos había poca intimidad, poca complicidad. Cuando se dio la oportunidad de que estuviéramos solas en el coche, Olga me preguntó con cierta expectativa si había notado algo raro en Jorge, entonces, buscando comprender, le pregunté a qué se refería. Me dijo que mientras él nos comentaba sus planes de trabajo y la posibilidad de hacer unos viajes, a ella no le había contado nada. No ser incluida en las decisiones y mucho menos notificada la hacía sentir mal.

—No me siento su prioridad —comentó con tono de decepción—. Antes, Jorge siempre me participaba sus planes y compromisos, y además siempre pedía mi opinión. Ya he intentado arreglar la situación, le he preguntado si algo anda mal, pero solo repite: "Todo bien, no estoy enojado. Te amo". Sus palabras no coinciden con lo que hace y a veces pienso que estoy loca. Dice que todo está bien, pero ¿por qué dudo? Hay algo... Su tono de voz, su mirada, sus gestos... Todo su comportamiento lo contradice.

Olga se repetía esas palabras: "Todo bien, no estoy enojado, te amo". Intentaba creer que era cierto, pero su mente tiraba de sus pensamientos en una dirección totalmente diferente.

Tras aquellas sentidas palabras, me quedé pensando en las dudas de Olga. Unos días después entré a una librería por casualidad y me encontré un ejemplar que llamó mi atención: *Cómo detectar mentiras* de Paul Ekman. De inmediato pensé en ella. Intuí que podría ayudarle mucho, sin embargo, cuando lo empecé a leer, fui yo quien se enganchó con él. No podía soltarlo, iba comprobando las palabras escritas y, desde ese instante, el mundo se convirtió en un maravilloso laboratorio de aprendizaje. La forma en que el autor definía los comportamientos se manifestaban a la perfección en todo lo que veía a mi alrededor.

De forma comparativa, lo que leía se parecía mucho a lo observado en Jorge durante ese viaje. Él estaba distraído, hablaba con las manos en las bolsas, su mirada evadía la de Olga, parecía que hablaba consigo mismo y cuando ella le preguntaba por qué no le había dicho nada acerca de los viajes que iba a hacer, él solo subía los hombros como para restarle importancia al tema, justo como lo explicaba el libro.

No se lo dije a Olga, pero pude anticipar el fin de su relación, tal como muchas personas saben que una relación ya se acabó... antes de que realmente se dé por terminada. De esta forma conocí, de primera mano, el primer poder del lenguaje no verbal. Si estás atento, puedes leer la emoción que experimenta alguien sin que la diga con palabras y, a partir de esa información, puedes detectar el engaño.

Siempre he sido muy observadora, pero cuando me percaté de que había una explicación para todos los comportamientos, el tema del lenguaje corporal me atrapó, se me hacía muy interesante que ese conocimiento pudiera develar tanto de una persona, incluso más que sus palabras. Hoy se sabe que más del 80 por ciento de la comunicación es no verbal. Si no eres consciente del poder de tu lenguaje corporal, estás corriendo demasiado riesgo de mandar un mensaje equivocado. Por ejemplo, en un partido de futbol intentamos descubrir inconscientemente a través del lenguaje no verbal de los jugadores si están emocionados, si se sienten poderosos y echados para adelante o si ya se sienten derrotados. Todo comportamiento es una forma de comunicación.

Al salir de una conferencia, o de una entrevista de trabajo es muy normal preguntar "¿qué te pareció el conferencista?" y siempre escuchamos respuestas como "muy seguro", "confiado", "sabía lo que decía", y toda esa información la devela su lenguaje no verbal. No lo que dijo, sino cómo lo dijo.

Difícilmente recordamos las palabras exactas de lo que la gente dice, pero nunca lo que la gente demuestra con su comportamiento no verbal. ¿Cómo es posible que la manera de actuar y la conducta sean tan determinantes? Debido a esta y otras interrogantes me sumergí de lleno a estudiar una maestría en la Universidad Anáhuac, me titulé con una especialidad en Inteligencia Emocional en la Educación y uno de los temas centrales era precisamente el lenguaje corporal.

Después viajé a España y tomé un curso junto con la Guardia Nacional española. Nos preparaban para identificar las emociones en el rostro y así poder detectar en un aeropuerto, por ejemplo, quién podría ser peligroso o quién mostraba signos de ira y así anticipar quién podría representar un peligro para la seguridad nacional.

De regreso, cuando impartía clases en la universidad, el reto era explicar todo esto de forma sencilla. Bien decía Einstein: "Si no lo puedes explicar de forma sencilla, es que no lo has entendido bien". Y estoy convencida; la mejor manera de aprender es enseñando. Mientras yo daba clases e insistía en la importancia del lenguaje corporal, fui descubriendo que este va en varios sentidos y dominarlo te da tres nuevos poderes.

Ya sabes que el primer poder se basa en la observación que permite conocer la emoción real que siente el otro. Pero dando clases descubrí que también los demás nos están viendo a nosotros y ahí radica el segundo poder, en cómo mostrar nuestra mejor versión, donde el elemento principal es mostrar confianza en nosotros mismos. Los estudiantes encontraron formas de caminar y de presentarse para sentirse más seguros. Después empecé mi trabajo de asesorías personales en donde me di cuenta de la importancia del lenguaje corporal en esa área también. Estaba asesorando a un diplomático que era brillante, pero tenía un problema con su postura y cada vez que le sacaban una foto salía empequeñecido, agachado, dando una pésima imagen. Luego de varias sesiones, yo solo le mandaba una señal, y él recordaba la asesoría en la que habíamos tocado el tema, entonces corregía su postura, ¡separaba los hombros y *voila*! Teníamos una imagen perfecta de este líder que realmente era. Esas imágenes daban la vuelta al mundo y era importante cuidar todos los detalles.

He sido testigo de la transformación en ejecutivos, políticos, maestros y jóvenes, quienes, con solo modificar distintos aspectos del lenguaje corporal, han logrado cambios poderosos de liderazgo. He observado cómo las personas más exitosas tienen una consciencia de sí mismas que les permite sentirse cómodas en su propio cuerpo, con serenidad, y a la vez este poder sobre su persona les permite conectar mejor con los demás. Me maravillo día con día al ver cómo cuando hacemos coincidir lo que decimos con la forma de decirlo se potencia el mensaje, nos volvemos más creíbles y mucho más persuasivos. Meryl Streep recibió el premio Princesa de Asturias y tuvo un discurso que pasará a la historia sobre la importancia de la empatía, de mirarnos y de escucharnos. Pero lo más poderoso fue que no solo lo dijo, lo demostró en sus acercamientos con las personas. Un niño de 10 años se coló entre la seguridad y al estar cerca de Meryl ella se bajó para estar al mismo nivel, lo miró y lo escuchó. ¡Es mágico! Cuando alguien es congruente con lo que dice y lo que muestra.

El tercer poder es muy personal. Consiste en aprender a mirarte a ti mismo, conocerte e identificar cómo tu cuerpo responde a distintos estímulos. Es ser consciente de tu cuerpo; por ejemplo, cuando se te acelera el pulso, te sonrojas o te haces un masaje en el cuello para tranquilizarte, o cuando te das cuenta de que pones objetos como barreras porque te sientes vulnerable. Si logras identificar todo esto sabrás cómo usar tus propios recursos para gestionar las emociones, podrás usar la respiración y cambiar tus posturas para calmarte, sentirte más seguro y poderoso. El cerebro y el cuerpo están en comunicación constante. (El lenguaje corporal le manda mensajes al cerebro para que actúe en consecuencia). El tercer poder es el poder del autoconocimiento.

Todo lo que aprendí se me hizo fascinante y descubrí que todos los días quiero saber más. Este conocimiento va de la mano de la inteligencia emocional y de las neurociencias, una carrera en auge que hace descubrimientos cada día en el campo del funcionamiento de nuestro cerebro y sus increíbles capacidades.

De pronto se abrió un nuevo mundo para mí, primero con muchas más preguntas que respuestas. ¿Por qué cuando sale el secretario a hablar y a tratar de tranquilizar a las personas sobre variaciones en el tipo de cambio se rasca la cara y la oreja? ¿Por qué al revisar el contrato, justo al llegar al párrafo de las obligaciones, la abogada juega nerviosamente con su collar y cruza los tobillos? ¿Por qué Putin adopta posturas "alfa" junto a Biden, pero junto a Xi Jinping se empequeñece y baja la mirada?

Desde que el hombre es hombre se comunica. Antes de tener un lenguaje bien identificado hacía gestos y ruidos para alertar de los posibles peligros a sus familiares o tribus con el único fin de sobrevivir. Además, el cerebro emocional es muy honesto y muestra todo el tiempo cómo te sientes.

Los seres humanos somos biológicamente animales, de la especie *Homo sapiens*, y como a todas las especies nos rigen reglas biológicas que controlan nuestros actos, que definen nuestra actitud, y estos gestos cuentan la verdadera historia de lo que pensamos y sentimos. A través de su libro *La expresión de las emociones en el hombre y en los animales*, publicado en 1872, Darwin fue uno de los primeros en estudiar las emociones, a través de las expresiones en los animales y su relación con las de los humanos. Un gorila lomo plateado se golpea el pecho para hacerse notar y un perro muestra los colmillos antes de atacar, al igual que las personas apretamos los puños ante un ataque de ira.

En mi experiencia, y después de observar atentamente el comportamiento humano, creo que simplemente no hay manera de ocultar una intensa emoción. El trabajo de asesoría es una directriz sobre qué sentimos, pues si nos ponemos a orquestar movimientos de manos o posturas sin una actitud mental es como si alguien intentara hablar francés sustituyendo palabras de un diccionario: no tiene sentido. Cuando a alguien lo asesoran así percibimos sus movimientos como si fueran robóticos, y el lenguaje no verbal está tan descoordinado que acaba por ser confuso.

Creemos que el ser humano es un ser racional con emociones, pero realmente las emociones nos dominan. Somos seres emocionales que luego pensamos y tratamos de justificar con razones lo que nuestras emociones ya decidieron. Pensamos lo que ya sentimos.

Ahora vemos muchos libros sobre neuroratoria, neuromarketing, neuropolítica, entre otros. Sucede que, a partir del conocimiento del cerebro, nos enseñan cómo hablarle a esa parte emocional que es la que toma las decisiones.

Las emociones y el estudio del comportamiento me apasionaron tanto que seguí indagando, porque muchas veces nos pasa que las personas nos dicen una cosa, pero muestran otra completamente distinta. Pensé que, si logramos usar ese instrumento a nuestro favor, podríamos encontrar nuestro poder.

El cerebro ha ido evolucionando con el paso del tiempo y tiene tres componentes, según el modelo de Paul McNeal:

1. El cerebro reptiliano que se encarga de mantenernos vivos.
2. El sistema límbico, relacionado con las emociones.
3. El área racional o neocórtex, responsable de nuestros pensamientos lógicos y la consciencia.

Vamos a volver a estas áreas del cerebro más adelante, pero por ahora con entender que la mente reacciona en tiempo real y muestra en el cuerpo lo que pensamos, sentimos y nuestras intenciones es suficiente. Y que a partir de conocer los diferentes colores de tu cerebro puedes tener una mejor perspectiva para tu vida.

Todo el tiempo, incluso en silencio, el cuerpo está hablando y contando si lo que estás escuchando o mirando te interesa, te gusta o te motiva. Por eso siempre digo: si algo no quieres que se sepa, mejor no lo pienses, porque "es imposible no comunicar", y así lo expresa el filósofo y psicólogo Paul Watzlawick en su libro *Teoría de la comunicación humana. Interacciones, patologías y paradojas*. No existe lo contrario de la comunicación, no existe la no comunicación, así como no existe la no conducta.

El simple hecho de estar presente en un lugar, incluso si te quedas quieto y no hablas, comunica algo. De la misma manera, no asistir a un lugar en el que te esperan, envía un mensaje importante a través de esa ausencia.

La comunicación no verbal se da a partir de factores como la apariencia, el entorno o el espacio, colores, olores y comportamientos que nos dan información importante y, además, ocurren todo el tiempo.

Desde que nacemos, los bebés encuentran un catálogo de comportamientos para darse a entender. Si tienen hambre o están mojados; al final todo lo que hacen se puede dividir entre mostrarse cómodos o incómodos. De manera intuitiva, un bebé encuentra a los pocos días una relación entre sus sonrisas y las respuestas de sus cuidadores: a más sonrisas, más atención. Y aunque no entienda las palabras, en poco tiempo logra identificar los tonos de voz que le invitan a mantener la calma o a ponerse atento, y eso es lo primero que tenemos que observar.

Cuando una persona me dice que quiere entrenarse en la observación del lenguaje corporal, le indico que la clave de esa interrogante se resume en una palabra: observar.

Ahora bien, el primer paso para entrenar el músculo de la observación y aprender a analizar el lenguaje corporal es definir si la persona que estás viendo está cómoda o incómoda. Ponlo en práctica, puedes ver el comportamiento de los bebés, todo el primer año su comunicación es no verbal y logran transmitir justo eso, placer o dolor. Los niños son muy honestos, muestran en su cuerpo exactamente lo que están sintiendo, pero al crecer aprenden a ocultar sus verdaderas emociones. Fíjate en tu pareja, en la familia, define a tus clientes o a tus compañeros de trabajo, sal a la calle y observa a tu alrededor. ¿Cómo percibes a esas personas?, ¿crees que están cómodas, contentas? ¿Qué tan cómodo está el candidato cuando habla de la democracia o la alternancia? ¿Estará el socio incómodo de pagar esa cuenta?

Después ya podrás analizar cada canal: postura, mirada, sonrisa, manos, pies, el ritmo y la velocidad del habla, y el paralenguaje. Este último, perceptible en el tono de voz, es uno de los principales canales para detectar si lo que te están diciendo es real. Aunque en este libro hablaré más de combinación de conductas que de los canales aislados, los comportamientos no verbales no se estudian de forma separada. No es tan fácil como poner las manos "en rombo" para verse convincente, el lenguaje no verbal es mucho más rico.

No solo puedes extraer información de una sonrisa, al combinarla con la mirada, la respiración y la postura puedes determinar hasta si una chica está enamorada.

Inténtalo y practícalo. Verás que tus ojos se abrirán a un mundo nuevo, no creerás que toda esa información estuvo siempre ahí, siempre ha estado… simplemente no la veías. Es como ponerte unos lentes superpotentes y no solo lograr ver a la persona, sino también identificar qué emoción la está rigiendo o qué es eso que no te está diciendo. Como dice Joe Navarro, exagente del Buró Federal de Investigaciones (FBI) y especialista en lenguaje corporal, se puede tener cara de póquer (poder ocultar las emociones en el rostro), pero es imposible tener el cuerpo de póquer porque la emoción buscará la salida, y si está nervioso o feliz lo notarás en sus manos, o en los pies, o en la boca.

En el caso de Olga y su esposo era claro, la relación estaba deteriorada y, como después supimos, Jorge ya estaba en una nueva relación que le provocaba mucha emoción y absorbía toda su atención.

Si observas bien, notarás cuando alguien se arregla y estira el saco o pasa su mano varias veces sobre la corbata como si necesitara ajustarse o corregirse, pero realmente el saco y la corbata están en perfectas condiciones. Estas manifestaciones no son más que erupciones de adrenalina para liberar estrés, conocidas como movimientos adaptadores o manipuladores, y todos los hacemos en situaciones de tensión, pero tú ya vas a tener el poder de ocultarlas para no verte nervioso y ansioso cuando te toca presentar o vender tu producto. Nuestro cerebro está cableado para sentir cuando algo no está bien, aunque nosotros mismos lo ignoramos o silenciamos, pero si nos entrenamos a observar y a escuchar lo que nos dice, podremos saber si cuerpo y mente están de acuerdo.

Por si esto fuera poco, conocer el lenguaje no verbal tiene una aplicación muy importante en ventas. Allan Pease, mentor de Vladímir Putin en posturas de poder, nos cuenta en su libro *El lenguaje del cuerpo: Cómo interpretar a los demás a través de sus gestos* que de niño vendía de casa en casa fibras y artículos para cocina y con solo observar las manos de los "posibles clientes" sabía cuándo podía insistir y cuándo era tiempo de emprender la retirada.

Cuando alguien te ofrece una disculpa y te dice que no volverá a ocurrir, si sabes observar, podrás identificar si realmente está arrepentido o si está comprometido de verdad a no repetir la acción. Incluso las mascotas tienen un lenguaje corporal muy evidente, seguro has observado el comportamiento de culpabilidad de un perrito cuando hizo algún destrozo, su mirada triste se empequeñece y mete el rabo entre las patas. La empatía de nuestras mascotas ha sido ampliamente estudiada. Un día sentí malestar de garganta, tenía fiebre y Rojo, mi perrito, no se me separaba y actuaba de forma muy distinta, podría decir que realmente estaba preocupado.

Nuestras emociones son tan determinantes en las decisiones que a ese respecto Helen Fisher traduce su vinculación con las relaciones diciendo que "la mayoría de nosotros decidimos en los primeros tres minutos de conocer a alguien si existe potencial o no para una relación". Y esto aplica para un socio, para un compañero de equipo o de vida. En una secundaria en Estados Unidos hicieron una encuesta entre los jóvenes para que a partir de las fotos de los maestros hicieran una valoración inicial y dijeran qué podían esperar de cada uno de ellos. Lo increíble fue que 90 por ciento de sus apreciaciones coincidían con la valoración final sobre cada maestro. El cuerpo habla.

En una ocasión mi amiga Vanesa me platicaba que iba a contratar a un abogado y durante la entrevista le dio mala espina. No sabía qué había sentido, pero al verlo llegar y extenderle una mano floja, como decimos, con saludo de pescado, sin hacer contacto visual, y además llevar los zapatos sucios, desde lo más profundo de sus entrañas una señal de alerta se activó. Se sintió mal al juzgarlo por el estado de sus zapatos, pero siguió esa corazonada y tomó la decisión de seleccionar a otro abogado. Sacándola de sus errados motivos, le comenté que no eran los zapatos, lo que sintió fue el resultado de una impresión. La mirada, el saludo, los zapatos y más detalles que captaron la atención de su cerebro, se basan en atajos mentales para hacer juicios; esa es la intuición, una fuente de sabiduría que hemos ido almacenando en nuestra vida según nuestras experiencias y que le proporcionó a Vanesa información importante que a veces decidimos ignorar, pero, en este caso, ella escuchó.

Estas decisiones emanan desde el cerebro reptiliano, el más primitivo, que tiene como principal función la sobrevivencia y es el responsable de que evalúes a las personas cuando las ves: si se percibe amistad, enemistad o indiferencia.

Analizar el lenguaje no verbal no es un misterio, es ir sumando piezas a un rompecabezas cuya forma, si se ha prestado atención, ya conoces mucho antes de ensamblar la última pieza; por eso puedes anticipar comportamientos. En segundos tu cuerpo es capaz de proporcionarte un gran cúmulo de información; es una valiosa herramienta que algunos han decidido silenciar, es una de las armas más poderosas con la que venimos programados para la supervivencia.

El cuerpo habla por sí mismo, y es que nosotros con el cuerpo todo el tiempo estamos diciendo quiénes somos: qué nos gusta, qué no nos gusta y qué estamos dispuestos a hacer. Cuando alguien está contando una historia y de pronto se muerde el labio es porque no quiere dar esa información, o no la quiere dar por completo.

¿Ya te diste cuenta de la importancia de esta herramienta? Vivimos rodeados de personas que quizá no tengan las mejores intenciones, que realmente nos pueden hacer daño, o a los nuestros. Es vital observar y estar atentos.

Vemos, pero no siempre observamos, y ese es el primer paso del método científico, y si no lo hacemos con atención podemos perder información muy importante. Mirar es dirigir la vista hacia algo, observar es poner atención en lo que miramos y examinarlo.

> *La mirada es una elección. El que mira decide fijarse*
> *en algo en concreto y, por consiguiente, a la fuerza elige*
> *excluir su atención del resto de su campo visual. Esa es la*
> *razón por la cual la mirada, que constituye la esencia de*
> *la vida, es, en primera instancia, un rechazo.*
> AMÉLIE NOTHOMB, *Metafísica de los tubos*

Piensa en un médico. El primer reto es observar al paciente que acaba de llegar a su consulta y de eso depende que todos los pasos a continuación den sus frutos. Un buen diagnóstico empieza en la observación y eso aplica para cualquier profesión. Los resultados dependerán de la calidad que haya puesto el profesional justo en este primer paso. Después de observar, lo que sigue es comunicar, aspecto que también es fundamental. Nuestro lenguaje nos hace únicos, nuestra manera de comunicar puede ser la razón de nuestro éxito o fracaso en llegar a utilizar todo nuestro potencial.

La diferencia entre un gran médico y un extraordinario médico es su lenguaje corporal. ¿Cómo te miró? ¿Te escuchó con atención? ¿Extendió su mano para ponerse a tus órdenes? ¿Te dijo que era cercano, pero había un escritorio enorme de por medio? El conocer y utilizar el lenguaje corporal será tu arma personal para lograr una imagen de mayor poder y lograr influenciar y convencer. ¿Quién no quiere ser más persuasivo?

¿Cómo te explicas que dos vendedores en igualdad de condiciones perciben diferentes ventas? Ambos atienden en la misma área, uno vende muchísimo y rebasa la cuota establecida diariamente, mientras el otro no llega ni al mínimo. Cuando analizamos estos casos, notamos inmediatamente que uno de ellos tiene la capacidad de estar cien por ciento presente cuando hace su labor de venta: apaga su celular, sonríe, se aprende el nombre del cliente, muestra las palmas y la disposición para ayudar, su tono de voz es amable y sabe escuchar. Así se entiende por qué uno vende mucho más que el otro.

Hace unos meses me buscó por LinkedIn una licenciada de Monterrey llamada Claudia. Ella estudió administración de empresas, es una mujer brillante, capaz, responsable, pero por alguna razón estaba estancada en su puesto de trabajo.

La primera impresión que me dio en una llamada fue que era una mujer superactiva, emprendedora, con ganas de aprender y de salir adelante, el resto de los integrantes de su equipo recibían ascensos, ella seguía en el mismo lugar. Después tuvimos una videollamada y noté el problema que tenía con el lenguaje no verbal. Ella pelaba los ojos, alzaba la voz, se cruzaba de brazos y usaba mucho el dedo índice acusador. Si hubiese observado el video sin sonido seguramente parecería que estaba enojada y me regañaba. Es más, luego descubrimos que efectivamente era una mujer muy capaz y responsable, solo que los demás le tenían miedo. Durante las siguientes sesiones profundizamos en el estudio y me di cuenta de que su comunicación en general era muy agresiva. Ella quería cumplir órdenes, pero presionaba tanto que, si había un error, nadie se atrevía a decirle la verdad. Trabajamos y logramos que su comunicación en lugar de agresiva fuera asertiva. De su lenguaje corporal cambiamos los movimientos de las manos y fue capaz de decir lo que pensaba, sentía y necesitaba sin ofender ni molestar a nadie. Muchas veces, modificar el lenguaje corporal con posturas abiertas, la misma altura que la otra persona y muestras de atención plena al escuchar hace que se modifique todo lo demás. Luego se comunicó conmigo para decirme que todos notaban sus cambios y que su jefe la estaba promoviendo.

¡Definitivamente, el cuerpo habla! Por eso es importante que seamos auténticos, es decir, hacer las cosas desde nuestra naturaleza, siendo coherentes con lo que realmente pensamos, decimos y sentimos.

Además, con nuestro lenguaje corporal propagamos las emociones, por eso es tan importante como líderes, como jefes, como deportistas o como papás, que vigilemos qué emociones estamos transmitiendo, pues no hay nada más contagioso que las emociones, y ese es otro superpoder.

Verás que cuando entras en este maravilloso mundo del lenguaje corporal la vida cambia, la experiencia se vuelve más rica, más amplia. Aprendes a leer los comportamientos de los demás y descubres sus emociones, sus intenciones y es más fácil entender, conectar y crear vínculos de calidad, y ese será tu poder.

A través de las páginas de este libro insistiré que entrenes el músculo de la observación, no tienes nada que perder, velo como una aventura, vas a comenzar a ver más allá, más aún en esta época, donde estamos todo el tiempo a merced con el "arma de distracción masiva", el celular.

Te invito a descubrir tu potencial, a ponerte estos nuevos lentes y ahora sí... ver el mundo que antes no podías apreciar y que está ahí a tu alcance, sin necesidad de emitir palabra.

Capítulo 1

El poder de la intuición: la importancia de agudizar tu percepción

El corazón te dice lo que necesitas si le dejas hablar y sabes escucharlo.

ELSA PUNSET

La naturaleza nos dotó de un cerebro que contiene más neuronas que las estrellas observables en un cielo despejado, es capaz de establecer juicios, guardar recuerdos, tomar decisiones, tener emociones y controlar la frecuencia cardiaca sin que nos demos cuenta y haciéndolo todo al mismo tiempo.

Ante el peligro no tendremos las manos tan fuertes como los osos para defendernos, tampoco tenemos los colmillos de un león, ni la fuerza de un elefante, pero si escuchamos nuestra intuición contamos con destreza, inteligencia y creatividad para hacer frente a los riesgos. Es parte de nuestra caja de herramientas para sobrevivir.

Algunas veces es descartada por ser emocional, poco racional, inexplicable y algo del más allá. Algunos la desprecian por catalogarla como "intuición femenina", y no le dan la importancia que tiene.

La intuición es un proceso extraordinario en el que en segundos recopilamos información y la comparamos con experiencias anteriores. Es nuestro sistema cognitivo más complejo y a la vez el más sencillo. Nos lleva a predicciones maravillosas que somos capaces de expresar a través de la frase: "de alguna manera lo sabía".

Poner atención a estas señales es fundamental.

Te ha pasado que dices: "es que ni lo pensé y corrí rapidísimo hacia la salida", "no sé por qué, pero colgué la llamada con esa persona y después supe que extorsionaba". Es saber, sin saber por qué lo sabes.

A lo largo de tu vida tendrás que tomar muchas decisiones basadas en el comportamiento: elegir candidatos, socios, empleados, personas que cuiden a tus hijos, amigos, parejas, esposos. La realidad es que el único encargado de tu seguridad y protección eres tú mismo. Aunque en ocasiones podrás contar con la ayuda de un policía, una cámara de seguridad, con lo que puedes contar todo el tiempo es con el mejor recurso para cuidarte y defenderte: tu intuición.

Analizar el lenguaje no verbal de alguien no es un misterio, no es magia, es solo observar las intenciones de alguien para poder anticipar sus acciones. Y, como pasa con los rompecabezas, en el análisis del comportamiento muchas veces puedes resolver cuál es la figura antes de terminarlo. No te puedes dar el lujo de ignorar esas alertas de supervivencia.

Y si te preguntas "¿por qué si tenemos intuición y muchas personas anticipan el peligro, también muchas otras caemos?", la respuesta es que somos muy buenos para buscar justificaciones, para dudar de nosotros mismos y dejar pasar lo que ya nos alertaba.

El miedo, nuestro sistema ancestral de alerta, nos está hablando y nos prende todos los focos rojos, como los del coche cuando "te avisa" que algo está mal.

Un fin de semana nos invitó Andrea a Valle de Bravo. Ella tiene una casa muy linda y todo estuvo increíble, pero su perro me ponía muy nerviosa. Siempre he tenido perros en mi casa y en general cuando voy a casa de alguien que tiene perros no me asusta, pero veía al perro muy nervioso, y me produjo desconfianza. Hasta me hacían burla alegando que le tenía miedo a un "perro faldero". Mi sorpresa es que tres meses después vi a Andrea y me dijo:

—Ya sabemos por qué le tenías tanto miedo al perro.

—¿Por qué?

—Pues algo le viste, porque las pasadas vacaciones el perro atacó a uno de mis hijos. Le desprendió un pedazo de piel de la pierna y lo tuvimos que llevar al hospital.

La intuición no solo nos alerta ante un peligro, también es una herramienta que ayuda en el día a día.

El otro día dictaba un curso de lenguaje no verbal a un grupo de maestros de secundaria, y al final se me acercó Mariana, una maestra que con voz tímida me decía que ella no tenía intuición, que jamás había escuchado esa voz interior. Yo la había visto interactuar con su grupo en la mañana y le dije: "La primera vez cuando entraste al salón sabías qué niños iban a requerir más atención. Utilizaste cierto esquema de disciplina que consideraste necesario para ese grupo, supiste cuándo hablar y cuándo callar para controlar al grupo. Sabías cómo modular el tono de voz, a quién presionar, a quién alentar y a quién proteger, y todo eso te lo dijo tu intuición". Mariana se fue feliz tras esas palabras y tal como le dije a ella te lo digo a ti: continúa ejercitándola y sigue escuchándote.

Más tarde fuimos seis maestros a comer, dos se adelantaron a pedir mesa en un restaurante. Desde que nos acercamos, me llamó la atención el mal estado de los menús, el piso sucio y las personas en la cocina que traían muy mal puestos sus uniformes. En general, toda la atmósfera me decía que no era una buena elección, y nos fuimos al restaurante de enfrente.

Al día siguiente, cuando platicamos, me preguntó uno de mis acompañantes por qué no quise quedarme. Le expliqué lo que sentí cuando llegué y me comentó que las dos personas que se habían quedado a comer ahí se habían enfermado, que la próxima vez me harían caso. Mi intuición me indicó que no era un lugar adecuado para comer, y realmente era más fácil quedarse ahí, pero todo mi cuerpo rechazaba ese lugar. Si el lugar no se veía limpio, era posible que la comida tampoco lo estuviese.

A veces las situaciones te obligan a tratar de complacer y no complicar las cosas, pero la intuición está ahí para protegerte. A veces simplemente vives con prisa y no te detienes a ver los detalles, esos "focos rojos de alerta" que se te presentan, como decía mi papá: "¡Calma! Observa con curiosidad y algo descubrirás". No pierdas la capacidad de asombrarte con las pequeñas cosas que pueden resultar, las más valiosas.

La intuición no se equivoca.

Hay conocimientos que no sabemos cómo llegaron, pero están presentes en forma de sabiduría ancestral, mientras otros provienen de la experiencia. Ahora bien, con los años se mezclan los conocimientos y la experiencia en algunas profesiones. Un estudio publicado en *British Medical Journal* arrojó entre sus resultados que los médicos también se apoyan muchas veces en la intuición para tomar una decisión. Por eso es que, en algunos casos, la intuición del médico es una gran herramienta de diagnóstico, cuando "siente" lo que tiene el paciente sabe a dónde dirigir sus estudios. El otro día pude observar cómo un médico diagnosticó una apendicitis a partir de un malestar general y eso contribuyó al ahorro de tiempo y dinero para el paciente.

Cuando le preguntaron a Albert Einstein sobre el origen de su genialidad, no dudó en responder: "Creo en la intuición y en la inspiración. A veces siento que estoy en lo cierto, aunque aún no sepa que lo esté". Imagínate que Albert Einstein, uno de los seres más racionales de la historia humana, aceptó que la intuición es parte de su genialidad y la incorporó a su proceso de pensamiento, así como en la toma de decisiones.

Y qué tal el capitán Chesley Sullenberger, mejor conocido como Sully. En 2009 este piloto milagroso tuvo la hazaña de llevar sanos y salvos a ciento cincuenta pasajeros y a los cinco miembros de su tripulación. Contaba con cuarenta años de experiencia e incluso había sido entrenador de otros pilotos, y a pesar de que le daban instrucciones desde el aeropuerto de que aterrizara en una pequeña pista cercana, tomó la decisión que sintió era la más correcta. Después de que una bandada de pájaros impactara contra una de las turbinas del avión amerizó en el río Hudson. Él es otro ejemplo de dejarse guiar por la intuición.

¿Te imaginas que en un estado de emergencia te dan la instrucción de aterrizar en una pista? Contradecir esa orden es casi inviable. Es más, si fuese un piloto joven y sin experiencia, no se hubiera atrevido a seguir su intuición.

A veces relacionamos la intuición con una sensación en el cuerpo, como cuando decimos que lo sentimos en las entrañas, o en la piel, en un cambio de la frecuencia cardiaca o en nuestro ritmo al respirar. Y estos cambios físicos son los que prenden todos los "focos de alerta" para quien está atento. Es el sistema que dirige tu atención y hace que una idea sobresalte frente a tus ojos y parezca significativa.

La intuición es un atajo para tomar una decisión. Muchas veces no hay tiempo para analizar todas las posibilidades. Eso sí, no viene sola ni llega por arte de magia, requiere de experiencia, sensibilidad y sobre todo de escuchar tu voz interior.

En su libro *Pensar rápido, pensar despacio* el psicólogo galardonado con el Premio Nobel de Economía, Daniel Kahneman, describe que para pensar usamos dos sistemas. El sistema uno es instintivo y emocional, es rápido; el sistema dos delibera y es más racional, es más lento.

Pensarías que el sistema dos, referido a la racionalidad, es el más importante, pero ese sistema requiere mucha atención y esfuerzo, en efecto, es el que usarías para decidir qué carrera seguir o cuál es tu presupuesto mensual.

No obstante, por más racionales que nos consideremos, hoy podríamos decir que la mayoría de las decisiones las tomamos con el primer sistema, el rápido, y que la intuición corresponde a este. Si solo utilizáramos el sistema dos, lento y racional, probablemente ya nos hubiéramos extinguido.

Los pilotos de la Fórmula 1 son otro gran ejemplo de la importancia del primer sistema. Muchas veces el equipo con sus computadoras e información especial toman decisiones con muchos datos y, aun así, es posible que el piloto, pese a las instrucciones recibidas y basado en su experiencia y su sensibilidad, tome la decisión del momento. Su equipo le dice que cambie de llantas o que se detenga en los *pits* y el piloto decide no hacerlo. A veces cuando les preguntan por qué tomaron cierta decisión, no hay mucha explicación, simplemente supieron que era lo mejor. Lo mismo te ocurre. A veces sientes que el cuerpo te da la respuesta cuando tienes que tomar una decisión en cuestión de segundos.

La intuición, esta sabiduría que todos tenemos, pero que algunos se han acostumbrado a ignorar, siempre está presente y nos habla todo el tiempo, por eso, un arma poderosa para la intuición es saber leer el lenguaje no verbal, pues un tono de voz raro o una mirada distante nos permiten llenarla de información.

Nuestra mente está en el cerebro, pero el sistema nervioso corre por todo el cuerpo. Esta intuición no es pensamiento sin fundamentos, tiene mucho que ver con cuánto observas a los demás, qué ves en ellos y qué intenciones tienen. Si aprendes a analizar el lenguaje corporal y a ello sumas tu experiencia, entre más observaciones acumules más puedes actuar según tu intuición.

¿Y qué puedes hacer para entrenar la intuición? Pues comienza por ir afinando tus sentidos. Es importante ser consciente de tus capacidades y tus límites. Prueba determinar si una persona está en calma o inquieta, observa si está cómoda o incómoda con las personas en su entorno. Intenta calcular la hora, la temperatura; escucha el acento de las personas para descifrar de dónde son. La clave está en confiar en ti mismo y entrenar tus sentidos: observa, escucha, huele, siente…

Si no crees en ti, ¿por qué los demás tendrían que creerte? Si eres de los que se autosabotean con un "seguro estoy mal", te aseguro que le cerrarás la puerta a la intuición. En resumen:

1. Observa
2. Calcula
3. Confía

Todo el tiempo estamos tratando de dar sentido a la conducta de los demás y a su vez los demás nos observan y tratan de dar sentido a la nuestra. Además de que las emociones se ven en la cara. El autor Alan Fridlund propone que no solo se ven las emociones en el cuerpo, sino que la intención también se aprecia. Por ejemplo, una expresión de enojo no solo evidencia la emoción, sino la intención de amenazar o agredir. La expresión de alegría no solo es una bella sonrisa, es la intención de ayudar y cooperar.

Cuando nos encontramos con personas, se activa nuestro modo "científico" y empezamos a observar, recopilamos información por sus gestos, su tono de voz, su aspecto y tratamos de saber quién es, qué le gusta, qué no le gusta, para llegar a un resultado lógico acerca de esa persona. No podemos evitar elaborar juicios con la apariencia. Nos empiezan a hablar y sistemáticamente valoramos si lo que nos dicen va de acuerdo con lo que muestran en el cuerpo o si hay una disonancia entre lo que dicen, cómo suena y lo que vemos. Y así vamos formándonos impresiones de los demás.

La apariencia constituye el primer paso para saber cómo son las otras personas y cómo podemos relacionarnos con ellas. Esa es la fuerza de la primera impresión.

Nuestro cerebro en menos de siete segundos, con tan solo observar a alguien, ya decidió si le cree o no le cree a esa persona. La primera impresión la podemos cambiar posteriormente, pero requiere mucho trabajo.

La primera impresión está conformada por tres *P*:

- Es **poderosa**, porque se aloja como una huella en la mente de los demás.
- Es **precisa**, ya que lo que captamos de otra persona en pocos segundos suele acercarse mucho a la realidad.
- Es **permanente**, o casi. Una vez que elaboramos una primera impresión de alguien es difícil cambiarla.

Solo hay una oportunidad de causar una buena primera impresión.

Como dice aquella famosa frase que varios colegas me han compartido: "Recuerda, antes de que tu cuerpo enferme, te susurra de su fatiga; antes de que tu negocio quiebre, los clientes susurran sus quejas; antes de que tu relación termine, tu pareja susurra sus peticiones. Si no escuchas los susurros, serás forzado a escuchar los gritos". Aprende a escuchar esos susurros antes de estar forzado a escuchar los gritos.

Sigue tu intuición.

Capítulo 2

Lo que pienso depende de lo que siento: emociones e inteligencia emocional

No hay nada en nuestra inteligencia que no haya entrado por medio de los sentidos.

ARISTÓTELES

Empecé a estudiar el lenguaje corporal porque me parecía fascinante el poder detectar mentiras. Es increíble que, aunque con las palabras tratemos de engañar, el subconsciente no se involucra y muestra lo que realmente piensas y sientes. Además, todos lo podemos hacer, porque cuando vemos que hay una disonancia entre lo que las personas dicen y lo que muestran, algo no nos cuadra.

Qué tal cuando tu nueva compañera del trabajo dice que le da mucho entusiasmo entrar a este nuevo proyecto y mientras lo dice voltea a ver el piso, su tono de voz es sin energía y sus hombros están caídos. Todos lo percibimos, pero algunas personas lo captan con mayor naturalidad. Claro, al estudiar y leer sobre el tema, se desarrolla una habilidad para detectar la no concordancia entre lo que se dice y lo que se muestra. Lo más importante es creerle al cuerpo porque es más fácil mentir con las palabras que con el lenguaje corporal.

Pues bien, me encantó el tema de cachar mentiras, pero después de un tiempo, un día me sentí en crisis porque la gente tenía miedo de platicar conmigo. Sentían que los estaba analizando todo el tiempo, además no me gusta jugar al juez. Me di cuenta de que todos mentimos, y quien dice que no miente está mintiendo. Entonces encontré algo mucho más profundo y enriquecedor del estudio del lenguaje no verbal, y es toda la información y riqueza de la verdad que las personas expresan todo el tiempo de forma que, cuando aprendemos a observar, lo que podemos captar es la emoción genuina que están sintiendo, y ese es el principio de la empatía: capturar cuál emoción está atrás de todo.

Las habilidades emocionales se consideran "habilidades suaves" (*soft skills* en inglés) porque muchas veces son vistas como habilidades secundarias a las que son más técnicas en una profesión o función. Ahora las vinculan a las neurociencias para encontrar formas de medirlas, darles la importancia que tienen y observar cómo reacciona nuestro cuerpo ante ellas. Dentro de las habilidades que las empresas consideran que son importantes para el futuro están la resiliencia, la iniciativa, la adaptabilidad, la empatía, el dominio sobre el lenguaje corporal y la sensibilidad cultural.

Como dice el doctor Mario Alonso Puig, "el mundo emocional ha sido negado por siglos, era un campo tabú. La sociedad nos ha condicionado a creer que lo importante es mantener la cabeza girando. Por eso, muchas veces se piensa lo que no se dice, se dice lo que no se siente y se siente lo que no se dice. Y esto implica un deterioro".

Cuando centras tu atención en las emociones descubres que tu mundo se expande aún más, porque si sabes qué emoción tiene tu jefe sabrás cuándo es el mejor momento para pedir ese incremento, si sabes cómo se siente tu empleado, tu pareja o tu hijo, podrán conectar mejor y ser más felices. Estudiar el lenguaje corporal también es una herramienta del autoconocimiento porque puedes ver las emociones en ti, reconocerlas y saber por qué algo te provoca tanta aversión, tensión o pasión y puedes recurrir a tu lenguaje corporal para enfrentar tus retos y lograr tu mayor potencial. Es por ello que este segundo libro se centra en el poder del lenguaje sin palabras.

Si Chris Rock, mientras presentaba la entrega de los Premios Óscar 2022, hubiera estudiado lenguaje corporal, sabría que esa aproximación de Will Smith dando largos pasos, con los puños cerrados y la tensión en la quijada, solo deparaba un golpe.

Somos como un gran anuncio espectacular que está dando información continua de manera inconsciente, haciéndola visible en nuestro cuerpo con el lenguaje sin palabras, aunque resulte invisible para los que no están atentos. Lo que vemos en el cuerpo es la manifestación de una o varias emociones.

Hay lugares en donde se puede ver de todo. Por ejemplo, los aeropuertos son todo un laboratorio del comportamiento producto de las emociones. Puedes ver desde la pareja que va feliz por su viaje y entre ellos no pueden dejar de mirarse, moverse y tocarse de felicidad, hasta al señor que le retrasaron su vuelo y muestra la quijada tensa, apretando con fuerza los puños y una frente sudorosa que exhibe visiblemente el nerviosismo que está experimentando.

Y aunque en los aeropuertos las bienvenidas y despedidas parecen mostrar las emociones de manera más sincera, si observamos con atención podemos notar que estos gestos están en todos lados. Son parte de la vida.

Recuerdo una ocasión en la que estaba asesorando a una compañía en un proceso de contratación y, durante una entrevista, le preguntamos al candidato sobre su experiencia en el trabajo anterior. Nos respondía que no había tenido ningún problema, no obstante, su cuerpo decía otra cosa. Se veía seguro y confiado cuando hablaba de sus habilidades, pero con solo mencionar el nombre de su exjefe manifestaba todo un conjunto de gestos: se levantaba un poco de la silla y se recolocaba, levantaba un hombro pegándolo a la oreja como para restarle importancia a lo que estaba diciendo y se cubría constantemente la boca mientras verbalmente decía que nunca había tenido ningún problema. Su cuerpo gritaba que había algo oculto, no eran normales tantas reacciones emocionales en el cuerpo. Le sugerí a la empresa investigar cuál había sido la relación de este empleado con su exjefe y, como el cuerpo no miente, resultó que mi sospecha de que había algo era cierta: a este empleado lo habían atrapado robando.

Y es que las emociones nos delatan. ¿Te has preguntado cuántas veces te han desenmascarado tus emociones?

En la policía es bien sabido que cuando buscan drogas e interrogan al conductor de un coche, lo primero que hará, si la tiene, es observar en donde la escondió. Por eso siempre digo, si algo no quieres que se sepa, mejor ni lo pienses.

A lo largo de tu vida has experimentado y seguirás teniendo un abanico de emociones. Esa palabra, *emoción*, originada en la raíz latina *emovere*, que significa mover, demuestra cómo las emociones te mueven, te preparan para la acción y te ayudan a sobrevivir. Algunas de estas emociones las reconoces por su nombre, otras simplemente las experimentas y en tu lenguaje corporal van contando todo sobre ti, al grado de marcarte. Si la emoción que predomina es la tristeza, tu cuerpo adopta una postura decaída, sin fuerza ni tono, el cuello se reduce porque la cabeza pesa (y se hunde), los brazos van sueltos colgando sin energía y es común que se forme una joroba por esa postura progravitatoria. Si la tristeza predomina, también el tono de voz será bajo y asumes la posición de una persona que no confronta, pues para ello se requiere la energía del enojo.

Como la mayoría de estos estados incluyen manifestaciones fisiológicas como sudor, enrojecimiento de la piel, boca seca, entre otros, durante mucho tiempo fueron consideradas "enfermedades del alma" llamadas pasiones. Incluso algunos decían que había que evitarlas. ¡Ja! Como si se pudiera.

Para algunos, mostrar emociones es una señal de debilidad, tratan de ignorarlas y de permanecer siempre en control, dicen que ellos son más "racionales", pero lo que se ha demostrado tanto en salud como en las relaciones es que ocultar y tratar de evitar las emociones solo hace que se acumulen y que después salgan en un mal momento y de la peor manera. Además, hay que aprender a escucharlas y sentirlas, ya que nos dicen a qué acercarnos y qué cosas evitar.

Las emociones son como la brújula del cerebro que nos ayudan a dirigir nuestro rumbo. Gracias a ellas nos conectamos con nosotros mismos y con los demás y nos es más fácil tomar decisiones. Sin ellas estaríamos perdidos.

Tu enojo te dice en dónde te sientes impotente.
Tu ansiedad te dice qué parte de tu vida está desbalanceada.
Tus miedos hablan de lo que te preocupa y es importante para ti.
Tu apatía te habla de lo que estás desgastado.
Tus sentimientos no son aleatorios, son mensajeros y si quieres
llegar a cualquier parte debes dejarlos, hablarte y decirte
lo que realmente necesitas.
BRIANNA WIEST (traducido por mí)

Darwin es muy conocido por su teoría de la evolución, pero también escribió el libro *La expresión de las emociones en el hombre y en los animales* basándose en las investigaciones recopiladas durante sus más de 30 años de viajes. Encontró que los animales, así como las personas, tienen un conjunto de expresiones innatas y universales. Es un código que usamos para entender y para que nos entiendan.

Los estudios e investigaciones de Darwin se enfocaron sobre todo en esto y han sido la base de un canon entero en el estudio de la psicología. Después le siguieron varios estudios científicos, entre ellos el del anatomista francés Guillaume Duchenne, experto en la fisiología del movimiento, que estudió la musculatura de la cara y las respuestas eléctricas a distintos estímulos. Así definió cuáles son los músculos que responden a una sonrisa auténtica, porque en este gesto social hay un matiz que, más allá de la boca, se imprime en la mirada y representa la autenticidad emocional. Gracias a los estudios de Duchenne sabemos cuándo una sonrisa es auténtica o cuándo es falsa o social. Como señala Daniel Goleman en su libro *Inteligencia social*, abundan en exceso personas tristes con sonrisas falsas.

Duchenne se dio cuenta de que, cuando algo nos gusta en verdad y sonreímos de manera natural, se hacen unas arrugas alrededor de los ojos, las famosas patas de gallo que aparecen al contraerse tanto las mejillas como el músculo orbicular.

*Fíjese que cuando sonríe se le forman unas comillas
en cada extremo de su boca. Esa es mi cita favorita.*
Mario Benedetti

En 1960, Paul Ekman, uno de los psicólogos más importantes del siglo xx, retomó los estudios de Darwin y de Duchenne. Él pensaba que se sonreía distinto o se activaban diferentes músculos faciales según el lugar de origen, pero después de su investigación en Nueva Guinea y en lugares lejanos experimentando con tribus remotas se dio cuenta de que la expresión de las emociones no se rige por la cultura, puesto que son universales y tienen un origen biológico.

Hoy en día, después de muchos estudios, se ha desmitificado el hecho de que una sonrisa deliberada es necesariamente "falsa" y por consiguiente "mala".

La clave de la sonrisa auténtica está en los ojos, la sonrisa Duchenne surge cuando estás verdaderamente feliz o estás experimentando una alegría sincera y real.

Todos la hemos visto y sentido cuando es auténtica, pues la interpretamos como una señal de sinceridad y apertura emocional.

La sonrisa forzada o social no tiene la magia de la auténtica sonrisa Duchenne, pero también se percibe como una señal de cortesía. La miramos como la curvatura de la boca, pero no logra involucrar los músculos de alrededor de los ojos, "las patas de gallo".

Las personas que tienen esa disposición para mostrar una sonrisa social en contextos profesionales o reuniones son percibidas como más agradables y educadas, aunque esta carezca de la autenticidad de la sonrisa genuina.

Dentro de estas sonrisas, que no son totalmente espontáneas pero también se agradecen, está la sonrisa empática, que es la que procuramos para consolar o para mostrar cercanía hacia alguien que está pasando por un momento complicado.

Hay personas más capaces que otras de ocultar un estado afectivo en el rostro. Se hizo un estudio en el que a algunas personas se les puso un lápiz entre los dientes de tal forma que por el mecanismo que hacía el lápiz estaban forzadas a sonreír por unos minutos; mientras que a otro grupo no se les hizo sonreír. Después, a ambos grupos, se les daba a probar un pedazo de pizza.

Y lo que se observó ahí es que los que habían sonreído antes estaban más dispuestos a calificar como "agradable" el sabor de la pizza que los que no sonrieron. Es decir, la sonrisa, real o falsa, tiene un efecto en nuestro cerebro: produce endorfinas, la hormona de la felicidad.

A veces tu alegría es la fuente de tu sonrisa, pero
a veces tu sonrisa puede ser la fuente de tu alegría.
THICH NHAT HANH

Saber utilizar el lenguaje no verbal y las habilidades sociales en el día a día te da un poder.

Ekman y su equipo estudiaron por años cómo se manifestaban las emociones en el rostro y se dio cuenta de que estas eran universales e innatas. Postuló la existencia de seis emociones básicas en todos los seres humanos, independientemente de las raíces culturales, cuya expresión se proyecta en el área facial. El calificado psicólogo pasó años mirando fotos y estableciendo los movimientos de cada uno de los músculos de la cara.

La teoría de las emociones de Paul Ekman incluye las seis emociones universales; emociones que todos hemos vivido y son importantes reconocer en nosotros mismos y en los demás.

Ira. La emoción de la ira provoca:

- Que se junten las cejas.
- Párpados tensos.
- La mandíbula se adelanta.

- Se abren las fosas nasales.
- Se enfoca la mirada.

IRA

Alegría. Es perceptible en:
- Los ojos, cuando se forman las "patas de gallo".
- Las mejillas, cuando se elevan y los extremos de los labios también.

ALEGRÍA

Tristeza. Se percibe cuando:
- Se juntan y elevan las cejas en el centro, con el ceño fruncido.

- El párpado superior está caído.
- La mirada se pierde en el vacío.
- La boca se muestra recta o los labios se caen en las comisuras.
- Hay tensión en la mandíbula.

TRISTEZA

Miedo. Alguien asustado tiene:
- Hombros levantados.
- Mandíbula y frente contraídas.
- Cuerpo tenso.

MIEDO

Asco. Es notable cuando:

- La nariz se arruga para bloquear el olfato.
- Se eleva el labio superior.
- Se fruncen las cejas.

ASCO

Sorpresa. Se ve a través de:

- Cejas levantadas.
- Ojos abiertos.
- Boca abierta.

SORPRESA

Como dato curioso, el conocimiento de las emociones por parte de Ekman es tan amplio que colaboró con Pixar en la película de 2015 *Inside Out*, también conocida en México como *Intensamente*, donde trasladaron la expresión de las emociones en los dibujos animados con tal naturalidad que es difícil no conectar con ellos.

Las emociones tienen dos objetivos principalmente, por un lado, una función comunicativa porque vivimos en sociedad y es importante saber cómo se sienten las personas con la que nos relacionamos. Y por ello, aunque hoy en día existe tecnología para comunicarse con personas del otro lado del planeta, los chinos, en particular, viajan el número de horas que sea necesario para conocer en persona a un nuevo socio o proveedor. Es muy valiosa toda la información que se siente en un encuentro presencial, cara a cara, ya que es más fácil mentir por escrito, en un correo o en un mensaje de texto, que en persona. Podríamos pensar que ver cómo se siente el otro no es tan importante, pero realmente los que tenemos hijos estamos dispuestos a viajar y a hacer grandes sacrificios con tal de ver la cara sonriente de ellos. Queremos estar presentes cuando se sorprenden con el mar o cuando un personaje de Disney les provoca una sonrisa. Por eso surgieron los emoticones.

Scott Fahlman, profesor de la Universidad Carnegie Mellon en Pittsburgh, es considerado el creador del símbolo :-) porque a veces sus alumnos no entendían cuando usaba el sarcasmo, así que era importante mostrar de alguna manera cuál era la intención en sus escritos y no ser malinterpretado. Pronto las personas lo adoptaron y fueron incrementando el inventario de emociones en el teclado, como cuando se mandaba un beso con el símbolo :*.

Los emoticones han ido evolucionando y junto con los *stickers* predominan en nuestras conversaciones casuales dándoles color y emoción.

No saber cómo se siente el otro genera mucha inseguridad y por eso la regla de Albert Mehrabian en la que dice que, del cien por ciento de la comunicación, solo siete por ciento importan las palabras, el 38 por ciento lo lleva el paralenguaje o la voz en general y un 55 por ciento es de comunicación no verbal. Es una regla muy discutida, pero Mehrabian indicó que ese es el porcentaje de información emocional que entra a nuestro cerebro. Por eso, cuando vemos a alguien hablar o dar una exposición, al final podemos preguntarle a otra persona: "¿Cómo lo oíste?", y nos dice: "Seguro, contento, comprometido"; o todo lo contrario, "¿Cómo lo escuchaste?", y la respuesta puede ser: "Dudando, nervioso, trastabillando". Todos estos datos son información no verbal.

Por otro lado, las emociones tienen una función adaptativa, porque sin que lo tengas que pensar, tu cerebro hace todo para generar neurotransmisores y preparar a tu organismo tanto física como psicológicamente para responder a la situación que enfrentas; ya sea correr, pelear, o quedarte quieto, sin que tengas siquiera que pensar en ello. Cuando detectamos una amenaza se activa el sistema nervioso simpático generando adrenalina y cortisol que nos serán muy útiles para huir, pelear o mantenernos quietos mientras pasa el peligro. El miedo es nuestro sistema ancestral de alerta y ha ido evolucionando al igual que el hombre. En contraposición, cuando vemos algo que nos agrada, manifestamos alegría y el cerebro genera neurotransmisores que nos hacen sentir bien: serotonina, dopamina u oxitocina. Estar alegre y optimista te ayuda a encontrar nuevas oportunidades, a desarrollar nuevas herramientas y a cultivar buenas relaciones.

Las reacciones del cerebro emocional son rápidas y a veces no le damos tiempo al cerebro racional siquiera de dar una valoración. Con tu cerebro consciente, y ejercicios de respiración, puedes darles tiempo a tus respuestas para evitar reaccionar.

Conocer tus emociones, cómo respondes y tu comportamiento no verbal es una manera de dar la mejor respuesta ante una situación.

Por otro lado, el cerebro no puede distinguir entre imaginación y realidad, por eso es que si visitas un serpentario, y aunque te digan que hay un vidrio blindado que te separa de esos animales, si de pronto una víbora decide levantarse y acercarse a ti, liberarás adrenalina que hará que tu corazón lata más rápido, tus pupilas se dilaten para un mayor campo visual, tu respiración aumente su frecuencia para llevar oxígeno a la sangre que se distribuye a los órganos vitales y a tus músculos para que puedas defenderte o correr más rápido. Tú no tienes que pensar o dar la orden para que esto suceda, es tu cerebro que se adelanta para que sobrevivas; sin embargo, eventualmente, la razón capta la situación y entonces dependerá del acuerdo entre el área racional y el área emocional para dar una respuesta. Cuando te das cuenta de que estás protegido por un vidrio, se activa tu sistema parasimpático para tratar de neutralizar el efecto de todos los botones de alerta que se activaron.

La forma como las emociones se manifiestan en tu cuerpo depende de la presencia de diferentes neurotransmisores que se liberan en una parte del cerebro y afectan funciones autónomas en las que no tienes que pensar para que ocurran.

Las emociones en sí no son ni buenas ni malas, unas son más agradables que otras en la forma como las sentimos, pero todas son esenciales para nuestra salud y para nuestra supervivencia. Lo malo es el desgaste en el organismo cuando vivimos en estado de alerta permanente.

El sistema nervioso detecta amenazas a través de nuestros sentidos que captan mensajes del ambiente que pueden ser oportunidades o peligros (neurocepción). Si tenemos que escapar de un león que nos persigue, nuestro miedo, el sistema ancestral de alerta nos ayuda a prepararnos para sobrevivir. Nuestro corazón se agita (aumenta la frecuencia cardiaca), la sangre corre por el cuerpo (modifica la circulación para que la sangre llegue a órganos vitales), enfocamos la vista, se dilatan las pupilas y nos concentramos en una sola cosa: sobrevivir.

Hoy en día es menos probable que nos persiga un león, la mayoría de nuestros peligros diarios no son de vida o muerte, pero el cuerpo ya tiene ese reflejo. El sistema nervioso reacciona así ante lo que percibimos como amenazas: una lista de correos por responder, un mensaje de "tenemos que hablar", sentirse sobrepasado por las tareas del hogar, etcétera.

Nuestras respuestas automáticas ante el peligro son las que se conocen en inglés por las tres F: *fly*, *freeze*, *fight* (huye, congélate o quédate quieto, pelea). No lo podemos explicar, no fue nuestra decisión consciente pero cuando sentimos una amenaza así reaccionamos.

Si logramos entender nuestro sistema nervioso, tenemos ventaja y podemos:

- Darnos cuenta de que estamos reaccionando hacia lo que nuestro cuerpo percibe como amenaza y entender la reacción de protección del cuerpo.

- Respirar, dar tiempo, tratar de dar una respuesta racional y percatarnos de que todo está bien.
- Bajar la reacción emocional.

Así sobrepasamos el momento emocional, nos tranquilizamos, nuestra musculatura se relaja y podemos pensar con claridad.

Un cerebro estresado no puede pensar claramente. El verdadero origen de los problemas está dentro de nosotros y, con relación a eso, alguna vez escuché algo que tuvo mucho sentido para mí: las emociones son como un cerillo encendido, y es nuestra decisión agregarle gasolina o agua al fuego, dependiendo de la manera como interpretemos la situación.

Pensemos en un ejemplo. Imagina que estás cocinando y alguien de tu familia que está por salir te pregunta si se te ofrece algo, te sientes aliviado por un momento, pero al regresar notas su expresión de lástima porque olvidó traerte lo que pediste. Naturalmente, también sientes algo. Ahí está el cerillo encendido, pero es tu decisión pensar que no le importas y tener una reacción explosiva (echar gasolina) o intentar identificar y redirigir esa energía hacia una solución como pedirle lo necesario a algún vecino (echar agua).

Este ejemplo me resulta importante porque está íntimamente ligado a algo que trataremos a continuación: la inteligencia emocional. Si somos capaces de no solo observar la reacción de otro y nuestro propio cuerpo, y calcular la posible reacción de nuestra contraparte y el alcance de nuestros actos, seremos capaces de ganar control sobre la situación y no solo quedarnos con la capacidad de identificar el lenguaje sin palabras, sino de tener el poder del mismo.

Pero ese poder no se limita a la capacidad de controlar nuestro propio cuerpo, sino también una situación. Durante la pandemia, mientras una señora tomaba su clase conmigo, me decía que su esposo estaba siempre enojado. Luego de estudiar las emociones y su expresión, un día me comentó: "Lo que veo en él es que sus labios se estiran y se le levantan las cejas, pero no como señal de enojo". Entonces, un día después de cenar le dijo: "Aunque parezcas enojado, creo que sé lo que sientes, ¿me puedes decir a qué le tienes miedo?". Esto fue como abrir una puerta, platicaron y lograron un canal de comunicación increíble. Esto nos muestra que el poder del lenguaje sin palabras no se limita al control de una situación, sino también a la capacidad de crear relaciones sociales más auténticas y la posibilidad de presentarnos como personas de confianza.

Además de saber leer a los demás, es importante saber que las emociones son sumamente contagiosas. Si eres la mamá o el papá de una familia, eres líder del ambiente y de las emociones de tus hijos. Si eres la jefa o jefe de un grupo, también tu energía se contagia. Si te dejas derrotar fácilmente, eso se absorbe en el equipo y propicia que no se ayuden y desmotiven.

En algunos equipos deportivos está penalizado mandar malas actitudes no verbales, es decir, si como miembro del equipo te jalas el pelo, y muestras gestos de desesperación, esto afectará a los demás y causará deterioro en el desempeño del equipo.

Saber identificar las emociones de los demás es una ventaja, pero no hay que quedarse ahí, hay que saber qué hacer con ellas: modularlas o darles una salida sana. Esta es una más de las posibilidades que se nos abren para tener el poder del lenguaje sin palabras.

Ignorar tus emociones es lo contrario de inteligencia emocional, no puedes dar una respuesta sana a las emociones a partir de tratar de ignorarlas.

El coeficiente intelectual mide la habilidad para pensar, la memoria y habilidad para resolver problemas, mientras que la inteligencia emocional mide tu habilidad para entender a los demás, saber la mejor forma de comunicarte y relacionarte, trabajar en equipo y resolver problemas. Ser consciente de la inteligencia emocional es una forma de pensar y actuar que te permite estar más atento y ser más comprensivo con las personas que están a tu alrededor, lo cual ayuda a que mejoren tus relaciones interpersonales.

Dentro del gran tema de inteligencia emocional, el lenguaje no verbal es un gran componente porque es a partir del cuerpo que vemos las emociones. No solo se trata de ver a los demás, también podemos valorarnos a nosotros mismos. ¿Te ha pasado que ves el mar y a veces está sereno y parece un espejo de agua en calma, mientras otras veces hay un ligero oleaje y otras, el mar está totalmente picado e inestable? Así somos y, cuando nos detenemos a observarnos, podemos manejar mejor estos estados de ánimo. Algunos no lo quieren ver, otros no lo pueden ver.

Si hablas de inteligencia emocional y no hablas de lenguaje no verbal, te estás perdiendo de información muy importante. Las personas que están más conscientes de su propio cuerpo y se observan constantemente tienen más inteligencia emocional.

Antes, el éxito de una persona dependía de su
nivel de estudios, universidad o currículum vitae.

Hoy, el éxito depende del desarrollo de sus habilidades emocionales y comunicativas.

ALEJANDRO MEZA

Inteligencia emocional es identificar la presencia de la emoción, ver la respuesta que genera en tu cuerpo, nombrarla y gestionarla.

En algunas escuelas ya podemos ver que les enseñan a los niños inteligencia emocional centrada en observarse, describir cómo se sienten con cada emoción y en qué parte del cuerpo la identifican. El siguiente paso que están dando en algunas escuelas es que les están enseñando a nombrar estas emociones.

Algunas personas tienen muy poco vocabulario para expresar cómo se sienten, y resumen todo a un "estoy enojado" o "estoy mal", pero dentro de esa emoción hay distintas intensidades y si puedes ser más explícito y definir tu sentir será más fácil gestionar y encauzar correctamente esa emoción. Además, al nombrarla ya te sales del área límbica o emocional del cerebro y pasas a la racional.

Son tres los pilares que nos ayudan a trabajar nuestra inteligencia emocional:

1. **Autoconsciencia intrapersonal.** Es un conocimiento personal para identificar nuestras emociones en dos partes: la mental, que corresponde a las creencias, pensamientos y actitudes, y la física, que se asocia con los síntomas, gestos y sensaciones del cuerpo según la situación. Pregúntate qué sientes, en dónde lo sientes y qué detonó tu sentir. Entre más vocabulario emocional tengas, más fácil será clasificar tus emociones y darles la importancia que corresponde.

2. **Autorregulación**. Las emociones llegan a ti, lo quieras o no, no piden permiso, pero una vez que las reconoces, la manera en la que respondes a ellas es totalmente tu responsabilidad. Dos personas que experimentan la misma emoción pueden tener respuestas completamente distintas.

   Si sientes que te rebasa una emoción, aconsejo salir a caminar y respirar; eso cambiará tu manera de responder. Cuando no le damos tiempo, lo que generamos es una reacción.

   Canalizar la emoción es otra buena salida, no a todos nos gustan las mismas cosas, pero todos podemos buscar una forma de darle salida a la emoción. Algunos pintan, otros escriben, otros bailan, hay quien toca instrumentos musicales.

   También podemos minimizar la exposición a esos detonadores que, sabemos, sacan lo peor de nosotros: una persona, una situación o un lugar que nos pone mal. Y cuando esta sea inevitable, ir preparados mentalmente para "torear" esos momentos es lo más recomendable.

3. **Inteligencia social o interpersonal.** Es aquella que nos permite establecer y mantener relaciones con las demás personas. Es la capacidad de descubrir, entender e interpretar los deseos e intenciones de los demás, como te puedes dar cuenta, ahí el lenguaje corporal es muy importante y favorece interacciones sociales eficaces. Tener desarrollada esta inteligencia permite una mayor adaptación al entorno, así como relaciones sociales de calidad, ya que favorece la comprensión de las demás personas

y la comunicación con ellas, teniendo en cuenta sus emociones, estados de ánimo, motivaciones, intenciones, etcétera. Es decir, tomamos en cuenta a la persona tal cual es, con sus características personales e individuales para adaptar y ajustar nuestro propio comportamiento y discurso de forma amable y consecuente, sin perder nuestra autenticidad, con la otra persona. Antes se creía que este tipo de habilidades las tenías de nacimiento o no. Lo cierto es que estas se pueden aprender para ser más empático y tener más carisma.

Gracias a la neuroplasticidad de nuestro cerebro podemos ser nuestros propios arquitectos de la mente y dirigir nuestra atención a observar el lenguaje no verbal, aprender a escuchar sin juzgar, y tratar de entender qué emoción hay detrás de cada expresión.

Todo ello te permite ser más empático, saber cómo se sienten, y con ello tener una perspectiva más amplia.

La siguiente figura te muestra las seis emociones básicas y en cada nivel vienen más precisas las descripciones de cada emoción. A mí me sirve mucho cuando trabajo con las personas para tratar de deshebrar cómo se sienten, y entre más "desmenuzamos" la emoción, es más fácil saber qué hacer con ella.

La rueda de las emociones

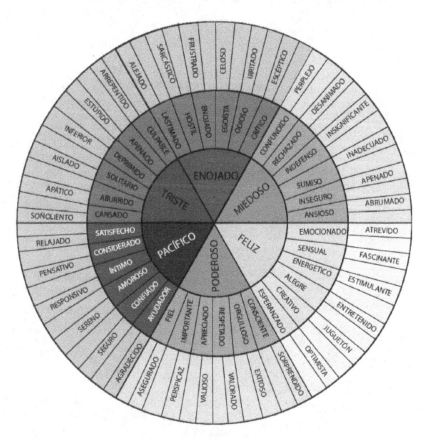

por la Dra. Gloria Willcox

Capítulo 3

El poder de la sonrisa: empatía, *rapport* y narcisismo

El peor pecado hacia nuestros prójimos no es odiarlos…
sino ser hacia ellos indiferentes, esa es
la esencia de la inhumanidad.

BERNARD SHAW

La empatía y el poder de la atención

Hoy en día la necesidad de desarrollar empatía es más grande que nunca.

Desde 1970 se ha visto una disminución en la empatía y esta caída muestra un pico más grande en los años 2000. Varios estudios con jóvenes se han realizado mostrando imágenes de rostros con distintas emociones que se colocan frente a ellos a fin de establecer su apreciación y los resultados han arrojado que a las nuevas generaciones les cuesta más trabajo identificar con precisión ante cuál emoción están. ¿Te acuerdas cuando tu mamá con una mirada te decía que te callaras? Eso lo adquirías por observar.

Desde bebés sabemos leer a nuestra madre, sus gestos y su tono de voz. Nuestro cerebro está cableado para tener interacciones sociales, hablar, mirarnos, leer nuestras emociones y gracias a ellas desarrollamos la inteligencia. El problema comienza cuando nos vamos ensimismando y se vuelve difícil comprender la diferencia de perspectivas que tenemos con otros.

Hoy en día las personas no pasan tanto tiempo en reuniones sociales, interactúan menos y a su vez pasan más tiempo solas en internet y redes sociales. Para desarrollar la empatía es indispensable que haya atención de calidad, no parcial. No escuchas mientras trabajas o ves Instagram. Se trata de poner todos tus sentidos a observar, escuchar y captar la emoción del otro, estando al cien por ciento para él o ella.

Algún día escuché en internet esta frase que me encantó: lo mejor que le puedes regalar a alguien es el cien por ciento de tu atención. Y si creo además que el amor es atención, es mirar más allá.

Actualmente trabajo como consejera de un grupo de escuelas en donde estamos analizando todo el tiempo cuáles habilidades necesitan los jóvenes para que tengan mejores oportunidades en el futuro. Dentro de las habilidades socioemocionales se consideran estas: iniciativa, resiliencia, responsabilidad, creatividad, autorregulación, adaptabilidad, trabajo en equipo, empatía, compasión, sensibilidad cultural, comunicación verbal y no verbal, pensamiento crítico.

Al respecto, la Universidad de California señala que hoy en día existen tres habilidades indispensables para el éxito de los ejecutivos:

1. **Adaptabilidad.** Como decía Darwin, sobrevive no el más fuerte, sino el que se adapta. Stephen Hawking afirmaba que la inteligencia más importante para poner en práctica en la vida era la inteligencia emocional.
2. **Competencia cultural.** Se refiere a la capacidad de actuar en cualquier entorno, rebasando fronteras y sabiendo hacer equipo con personas de distintas nacionalidades que tienen distintas costumbres.
3. **Empatía.** Daniel Goleman dice que la empatía es la dimensión base para todas las competencias sociales necesarias en cualquier ambiente, pero sobre todo en el laboral. En 2015 el *New York Times* publicó un reportaje sobre las condiciones laborales de Amazon. El artículo, basado en decenas de fuentes, retrata un despiadado ambiente de trabajo al interior de esa empresa comercial. "Vi llorar a casi todas las personas con las que trabajé ahí", declara al *New York Times* un exejecutivo de la empresa. "Darwinismo deliberado" es otro de los términos que se mencionan en el texto para describir que está completamente calculado el propósito de que solo aquellos que resistan las más duras evaluaciones sobrevivirán. "No es la [empresa] Amazon que yo conozco, y una empresa así no podría sobrevivir. Aun si fuera un caso anómalo o aislado, nuestra tolerancia con actos de tal falta de empatía debe ser cero", señala Jeff Bezos, el fundador y presidente de Amazon, en un memorándum a sus colaboradores.

No cualquier empatía es noble y desinteresada. Hay tres tipos de empatía.

- Emocional: saber identificar cómo se siente esa persona.
- Compasiva o altruista: lo que siente el otro hace eco en ti y no te puedes quedar quieto, quieres ayudar.
- Cognitiva: saber qué les importa a los demás y cuáles son sus motivaciones, luego esa información la utilizas en beneficio propio para saber cuál es su punto débil. Es la base de la manipulación.

Las personas con alta empatía pueden leer a los demás y no toman ventaja. Darwin llegó a mencionar que en la raza humana la compasión es tan fuerte como el instinto, pero de eso se habla poco. Un ser humano solo no sobrevive. Sentimos compasión gracias a las neuronas espejo.

Las neuronas espejo fueron descubiertas por Giacomo Rizzolatti en 1996, quien mientras estudiaba el cerebro de los monos conectándolos con sensores descubrió un grupo de células (neuronas) que no solamente se activaban con la acción, sino que se dio cuenta de que cuando uno de los monos comía un plátano, en el mono que lo observaba se activaba la misma área cerebral del placer del alimento.

La empatía tiene un origen biológico, y resulta del efecto de contagio de una neurona espejo al percibir lo que le ocurre a otra. Se activan tus neuronas al observar la emoción en el otro y así puedes entender mejor a otra persona y aunque en ocasiones no estés de acuerdo puedes identificar su emoción. Por eso vibramos, reímos y lloramos en el cine; son nuestras neuronas espejo proyectándose. Eso sí, empatía no es simpatía.

Puedes estar o no de acuerdo con cómo piensa o siente otra persona, pero si sabes observar y conectar, podrás entender y ser más compasivo. Bien dice el refrán: "Solo el que lleva el costal sabe lo que lleva adentro".

Por eso, siempre me ha llamado la atención todo lo que la gente dice sin hablar, esa es la magia de observar y tratar de anticipar cuál será el siguiente comportamiento con base en los gestos o movimientos. Por ejemplo, cuando veo el interés de una persona en alguien más, es emocionante observar cómo se miran, cómo cambia su respiración, cómo sus movimientos se espejean y anticiparme a sus propios movimientos cuando pienso "seguro se van a acercar" y lo que sigue es un paso adelante. O en otro caso, si veo que la persona no corresponde en el interés, y sus pies se dirigen a la salida, digo: "Seguro pondrá una barrera para defender su territorio con sus brazos o portafolios", y ¡bingo! Toma su bolso y lo pone entre los dos.

Algunos tienen más desarrollada la empatía, mientras a otros realmente les cuesta conectar con los demás. Pero en esencia es la capacidad de ponerte en el lugar del otro y entender lo que siente y lo que piensa. Es como el efecto contagio al ver las despedidas en el aeropuerto. Tenemos la capacidad de cachar y sentir la emoción del otro. Nuestros límites son permeables y si aprendemos a mirar con curiosidad podemos convertirnos en un fantasma —piensa en Gasparín, que es un fantasma menos tétrico y más sonriente— capaz de entrar en el cuerpo de los demás y saber qué sienten, incluso a veces puedes conectar tanto que tienes la posibilidad de obtener una buena aproximación de lo que los demás están pensando. Incluso, un truco para saber qué dice el lenguaje no verbal de alguien más es imitarlo. Al analizar un video y tratar de entender cuál es el estado emocional de esa persona, lo mejor que podemos hacer es copiar sus movimientos y posturas, así sabremos qué emociones está experimentando.

La empatía es una forma de crear relaciones de calidad con los demás, pero desarrollarla es un proceso. Entre más personas encuentres para relacionarte, irás desarrollando habilidades. Otro detalle que ayuda es que las personas sean distintas, no solo relaciónate con los que piensan igual que tú, le van al mismo equipo o van a votar por el mismo candidato; en la práctica se encuentra la variedad.

Tres formas que te pueden ayudar a desarrollar la empatía son:

- **Entrena la escucha activa, sé curioso e interésate en descubrir la magia en los demás..** Una persona que sabe escuchar hace la diferencia y esa puede ser la cualidad que convierta a un doctor en extraordinario, o a una amiga en la mejor amiga. "Lo más importante en comunicación es escuchar lo que no se dice". Esta brillante frase lleva la firma de Peter Drucker, considerado el padre del management.

  Debussy decía que "la música está entre las notas". Entonces, ¿podemos no escuchar? ¡Claro! Y nos sucede todos los días. El cerebro se habitúa y hay sonidos que ya no escuchamos si no nos concentramos: el refrigerador, nuestra respiración, o a veces una persona que habla demasiado.

  Debemos aprender a escuchar de una forma más atenta, callando nuestro juicio, sin dar nuestra opinión y sin interrumpir diciendo: "Esto que a ti te pasa, a mí ya me pasó…". Las relaciones se transforman cuando escuchamos de forma atenta. Cuando las personas se sienten escuchadas, se sienten acompañadas, menos presionadas y se dan relaciones de mejor calidad. Es importante evitar distracciones.

El lenguaje no verbal debe ser neutro, sin hacer muecas o gestos, y si entrenas a tu cerebro a escuchar de forma activa esto se vuelve poco a poco una costumbre.

- **Memoriza los nombres.** Las empresas en donde se les llama a todos por su nombre tienen menos rotación. Dale Carnegie decía que cuando alguien menciona tu nombre establece una relación. Pero hay personas que se dan por vencidas desde el inicio y dicen: "Soy pésima para los nombres". Si eres de esas personas el mejor consejo es que cuando alguien te diga su nombre trata de repetirlo varias veces hasta que lo memorices.

  "¿Cómo estás, Emilia?", "¡Qué gusto de conocerte, Emilia!", "Oye, Emilia, ¿cuántos años dices que llevas trabajando aquí?". Puedes hacer relaciones de mnemotecnia tratando de relacionar el nombre con algo para recordarlo mejor. Por ejemplo, si la persona te dice que se llama Margarita, imagina una flor margarita en su vestido y así no lo olvidarás. El chiste es forzarte a recordar y no darte por vencido.

- **Haz contacto visual.** A través de los ojos y la sonrisa es la mejor manera de conectar. A veces evitamos la mirada de alguien enfermo o en circunstancias adversas, pero el simple hecho de sonreír activa en ellos el área del cerebro asociada a la recompensa y eso ayuda a establecer la relación.

  La regla de oro, tal como les comentaba a unos médicos durante una consulta, es mirar a los ojos y escuchar para comprender, después diagnosticar y tratar de curar. No siempre es posible aliviar, pero siempre se puede acompañar.

Sin empatía no puede haber amor. Si tu pareja no se entristece con tu tristeza ni se alegra con tu alegría, me atrevo a decir que no hay amor.

Nunca se debe subestimar el poder de la empatía, ya que tiene la capacidad de transformar vidas.

Si diriges la atención a ti mismo, tiendes a ser narcisista; si diriges la atención hacia los demás, a ser empático.

Entre más ejercites fijar tu atención en los demás, tendrás mejores relaciones y la gente querrá estar contigo. Es necesario que vuelvas a desarrollar el músculo de la empatía.

En la misma sintonía con el *rapport*

Cuando estamos muy interesados en la plática de alguien, sin darnos cuenta hasta imitamos sus posturas y lo puedes ver en cosas tan sencillas como cuando alguien bosteza frente a ti y ocurre el efecto contagio. Estas neuronas espejo son las que, sin darnos cuenta, hacen que imitemos los movimientos de otras personas cuando estamos en sintonía con ellas. ¿Has observado cómo dos amigas al platicar espejean sus posturas y movimientos? Pues eso se llama *rapport* y de ese tema hablé en mi libro *Lenguaje sin palabras*.

El *rapport* es una herramienta para crear sintonía que consiste en adoptar un tono de voz o una postura semejante a la persona que nos habla para que se sienta más dispuesta a comunicarse.

Lo primero que debemos hacer para gestionar con eficacia el *rapport* es comprender que "conectar" no necesariamente quiere decir que tenemos que estar de acuerdo con el contenido de la información compartida. Conectar es abrir los canales de comunicación, tratar de entender las razones y las emociones. Es decir, comprender lo que la otra persona nos transmite y hacérselo saber con nuestra conducta.

Una vez me tocó dar clases a un grupo de psicólogas en donde estudiábamos el *rapport*. Una de las participantes me platicaba que tenía una paciente adolescente llevada por su mamá a terapia, pero la joven no quería ir y cuando llegaba se sentaba con ella y no hablaba. La psicóloga intentó la práctica de esta técnica en donde se sentaba como ella, y usaba el mismo tono y ritmo de voz, y la adolescente se sintió entendida, logró abrir sus canales de comunicación. La terapia era ahora más factible porque había logrado establecer confianza con la joven.

Para generar *rapport* sigue estas recomendaciones:

- **Haz contacto visual.** Para ello es importante ponerte a la misma altura que tu interlocutor. Si es un niño, agáchate hasta que los ojos de ambos queden al mismo nivel.
- **Sé proactivo.** Trata de imitar la postura de la otra persona, copia sus gestos, usa el mismo tono y volumen de voz.
- **Fluye.** Esto es una danza, trata de no ser rígido y verás cómo, al imitar los movimientos del otro, será más fácil entender lo que siente.

Narcisismo y la búsqueda de atención

Todos somos narcisistas por naturaleza. Desde el momento en que nacemos estamos buscando atención. No solo nuestra felicidad, sino incluso nuestra supervivencia depende de que seamos mirados, escuchados y aceptados. Al grado de que hay gente que de no tener esa atención puede quitarse la vida, mientras que los narcisistas funcionales no necesitan tanta atención ni ser validados por los otros, reconocen que tienen habilidades y limitaciones, pero sin una autoestima desarrollada es más fácil caer en narcisismo profundo.

Tenemos que ecualizar lo que piensan los demás de quiénes somos con la percepción propia: la autoestima es nuestro termostato de medición.

Por eso la importancia de la educación equilibrada en los niños; si un niño no puede construir la base de su autoestima, corre el riesgo de ser un narcisista profundo. Si los papás son narcisistas profundos y no le dan la atención que necesita, o si le dan demasiada, sofocándolo de atención, o separándolo de los demás, porque él es especial, no construyen su autoestima y se quedan dependientes de la atención constante.

Conforme vamos creciendo es necesario tener una autoestima sana de tal forma que no dependamos de la constante aprobación de otros. Muchas personas no la desarrollan y se convierten en narcisistas. Estos presentan características distintivas, las cuales te permiten reconocerlos:

- Se toman los comentarios de manera personal.
- Se vuelven paranoicos y creen tener enemigos por todos lados.

- Las personas a su alrededor se convierten en instrumentos y son expertos en usarlas. No tienen amigos, tienen intereses.
- Les preocupa demasiado qué piensa el otro de ellos.
- Se atreven a hacer y decir cosas que nadie más, por eso pueden ser carismáticos.
- Son hipersensibles y les gusta tirarse al drama para justificar su poder.
- Si alguna vez insultan o critican a un narcisista, este no tiene cómo regular esa crítica y para validarse a sí mismo tendrá una sed de venganza y se pondrá como la víctima.

Uno de los problemas con los narcisistas es que se toman todo de forma personal y si no están hablando de ellos, girarán el tema para volver a atraer la atención y así ser el eje central de la conversación. Y pueden llegar a ser tan conflictivos que después aparecen como los únicos capaces de resolver los problemas que ellos mismos crearon.

Para ellos los demás son objetos. Pueden ser talentosos, y hasta encantadores y seductores, y eso es lo peligroso, ya que sus reacciones pueden volverse de pronto hostiles. También es común encontrar narcisistas en el ámbito de la política, son personas que rompen reglas y no conocen de límites, pues ellos se sienten superiores y los límites están hechos para los demás, pero emocionalmente son inestables, necesitan del reconocimiento y los aplausos todo el tiempo. Tienen una necesidad de ser el centro de atracción. Los narcisistas típicos en el ámbito político no soportan las contradicciones, tratan de aparentar fuerza, adoptan posturas de poder y son arrogantes. Levantan el mentón y miran a todos hacia abajo, se paran con los pies separados invadiendo el espacio de los demás, son muy agresivos y están llenos de inseguridades, no pueden aguantar a los críticos, se victimizan. Son líderes tan concentrados en sí mismos que no tienen ni un rasgo de empatía.

Seguro ya identificaste a alguien cercano a ti con estas características, puede ser tu jefe, tu pareja, algún amigo. Realmente puede resultar agotador interactuar con personalidades así. Algunos describen que cuando están con ellos y están en paz, es solo "la tensa calma" antes de su siguiente explosión. Convivir con estas personalidades es muy complicado: un día eres su héroe y al día siguiente, su peor enemigo. Olvídate de hablar con ellos porque no toman bien la crítica y se victimizan. Tienen pánico de perder su popularidad. Son personas inestables que emocionalmente desestabilizan a las de alrededor, ya que se ven rebasadas por sus emociones. Con personalidades así es común que los que trabajan con ellos, o su familia, vivan angustiados y todo el tiempo se pregunten: "¿Y cómo estará su humor hoy?".

Tenemos la falsa creencia de que el narcisista es el que se quiere mucho a sí mismo, pero Robert Greene, autor de *Las leyes de la naturaleza humana*, lo explica de esta forma: no se quieren lo suficiente y por eso requieren validación de los demás. Si tienes una autoestima sana no necesitas que te estén diciendo que eres lo máximo. Si no está sana, es cuando se necesita la atención de los demás para alimentar el ego.

Un narcisista profundo está inmerso en sí mismo, es muy inseguro, tiene que provocar problemas para atraer la atención y es importante identificarlos porque convivir con ellos te puede tener en una montaña rusa emocional.

Así mismo en sus encantos puede hallarse el peligro. Primero te hacen sentir importante, pero para ellos no hay amigos, solo intereses propios que los llevan a fingir, pero no para conectar, sino para poder controlar y manipular a los demás. Te escuchan, hacen preguntas y te observan, pero solo para saber cuál es tu punto débil, su empatía es cognitiva.

Debes tener cuidado de no caer en la tentación de convertirte en el narcisista de la conversación. A la mayoría de nosotros nos gusta hablar, pero para que la gente esté contenta a nuestro alrededor debemos dejar que los demás hablen, tratar de controlar ese impulso de hablar y procurar hacer que los demás hablen y nosotros escucharlos con atención. Tu silencio y calma te hacen poderoso. La prisa interna es una muestra de ansiedad que denota miedo e inseguridad. La confianza se muestra con paciencia, con calma, dándole a cada acción su tiempo justo.

Ser un buen conversador no es aquel que, como decimos, "no suelta el micrófono", pues a la gente le gusta hablar. Una conversación es como un juego de ping-pong y el reto es que la pelota vaya y venga. Si te quedas jugando con la pelota no se arma el juego.

Tras identificar al narcisista extremo por su lenguaje no verbal es necesario saber cómo neutralizarlo, ya que este puede convertirse en un *bully*.

El *bully* quiere mostrarse poderoso, ocupa mucho espacio para parecer más grande. Seguro quieres saber cómo puedes identificarlo, pues presenta las siguientes características: posa sus manos en las caderas (posición de jarra, estirado, con el pecho abierto) y muestra tensión en la boca. Invade el espacio personal de sus víctimas, llegando muchas veces a tocar para intimidar, y como está agrediendo, no respeta el espacio personal. Toma y lleva a la víctima a donde él quiere. Es una manera de mostrar "me perteneces". El mensaje es "tú eres mío y puedo hacer contigo lo que quiera".

Si su persona objetivo está sentada, el *bully* se pondrá a su lado de pie para mostrar dominio e intimidar. También se extiende territorialmente en una mesa o escritorio porque cree que merece más espacio, y si entra a la recámara u oficina de su víctima lo hace sin permiso, se sienta en su silla y toma sus cosas. En el caso de la escuela, en el recreo llega el *bully* a su mesa, toma una papa o lo que esté comiendo, sin pedirlo. Otro componente común es enojarse y lo manifiesta golpeando la pared o la mesa, como si ese objeto fueras tú. Camina lento, obligando a los demás a esperar. Toca tu coche o tus pertenencias sin mostrar respeto para demostrar que es tu dueño, enviando nuevamente el mensaje de "tú eres mío y tus cosas también". Es muy común que el *bully* tenga la mirada fija, casi sin parpadear, como si fuese un depredador.

Ahora bien, si te encuentras en presencia de un *bully*, puedes emplear estas estrategias para manejar la situación:

- No te empequeñezcas.
- Si viola tu espacio o tus pertenencias, ponle un alto.
- Si te mira fijamente, sostenle la mirada, centrándote en sus ojos o en el centro de su frente.
- Espejea su comportamiento para que se percate de que no te sientes intimidado.
- Si te persigue e incita que te muevas rápido, pues muévete lento.

- Vístete bien. Trata de sentirte lo mejor posible porque si te ves bien te sentirás más poderoso.
- Aprende a decir NO de forma contundente.

El poder de la sonrisa

Ya sabes que hay sonrisas auténticas (Duchenne) que son la expresión natural de la alegría y también hay sonrisas premeditadas o sociales, pero hay 18 tipos de sonrisas. Lo importante es que una sonrisa impacta y tiene resonancia en la persona que observa y en la persona que lo expresa.

En general, las personas sumisas tienden a sonreír más para mostrar que son agradables y que no representan un riesgo para nadie. La psicóloga Nancy Henley, de la Universidad de California en Los Ángeles (UCLA), describe que las mujeres sonreímos más y en ocasiones lo hacemos para modular la situación ante un hombre muy dominante. En sus investigaciones encontró que en reuniones sociales las mujeres sonreímos 87 por ciento de las veces, mientras que los hombres 67 por ciento, y que las mujeres somos más proclives a devolver una sonrisa a alguien del sexo opuesto. También encontraron que las mujeres, en el ámbito del trabajo, si sonríen menos, se perciben como más dominantes. Entre jefes y empleados se ha observado que los empleados sonríen más, pero eso también se asocia a la sumisión. Aunque hemos escuchado: "sonríe, y la vida te sonreirá de regreso", estudios recientes demuestran que las personas que sonríen con frecuencia son percibidas con menor estatus y menos poder que aquellos que sonríen ocasionalmente.

Las nuevas asesorías en lenguaje corporal cuidan ese aspecto de la sonrisa, pues cuando se muestra demasiado es percibida como un comportamiento sumiso. Sonríen más los beta que los alfa. Hay un mejor efecto si se sonríe después de que te presentan con alguien, en lugar de llegar con la sonrisa "congelada".

Es muy común escuchar la frase "sonríe y tu día irá mejor", y eso es real porque sonreír tiene un efecto en nosotros mismos, pues modifica nuestra mentalidad y la de las personas con las que interactuamos. El cuerpo y el cerebro están en comunicación constante.

En una ocasión, daba una plática a un grupo de médicos oncólogos y hablábamos sobre el lenguaje no verbal que deben mostrar los médicos para ayudar a los pacientes. Les decía que, en ocasiones, no hay mucho que se pueda hacer respecto a la enfermedad, pero la mirada y sobre todo la sonrisa del médico activa en el paciente el área del cerebro de la recompensa, generando bienestar. Los médicos me decían que para ellos era vital el *rapport*, ya que no a todos los pacientes les gusta la misma atención. Algunos querrán hablar constantemente, mientras que otros prefieren un acompañamiento en silencio.

El ser humano es un ser social y con la sonrisa generamos actitudes que favorecen la creación de nexos, solo debemos cuidar que tampoco sea demasiado, a tal grado que se nos perciba como personas sumisas.

Capítulo 4

Tu oportunidad de dejar una buena impresión: persuasión, huella del comportamiento, apariencia y entorno

El tipo más elevado de hombre
es el que obra antes de hablar,
y profesa lo que practica.
CONFUCIO

¿Quién no quiere ser más persuasivo? Aunque algunos podrían pensar que es una cualidad negativa, persuadir es la capacidad de influenciar, inspirar o seducir para que te elijan a ti, para que te compren a ti o para que sigan tus recomendaciones.

En el otro extremo está la manipulación, que sí tiene una connotación negativa, porque cuando manipulamos a alguien le estamos dando la calidad de objeto. Por ejemplo, yo manipulo una pluma, manipulo una botella de agua, es decir, objetos. Cuando manipulo a alguien no le estoy dando la calidad de persona.

La diferencia principal entre persuadir o manipular es que la persuasión está abierta sobre sus objetivos, mientras que la manipulación esconde los verdaderos objetivos. La persuasión construye confianza, la manipulación la destruye.

La línea es muy delgada, pero lo podemos entender así: detrás de la manipulación existe un beneficio personal a costa de otro. Cuando te aprovechas de la ignorancia o de alguna debilidad de alguien, le estás dando esa condición de objeto y no de sujeto. Cuando persuades a otra persona procuras que la ganancia sea para ambas partes y también existe la posibilidad de querer el bien desinteresado de la otra persona. Por ejemplo, "quiero convencer a alguien para que estudie, por su bien, por su prosperidad, aunque a mí no me traiga un beneficio directo", es una persuasión altruista.

A lo largo de la historia podemos ver a grandes manipuladores, como Trump, Hitler, Stalin, que arrastraron masas para lograr sus objetivos personales y se llevaron entre las patas a muchísima gente; también hemos visto personajes con capacidad de inspirar y persuadir, como Gandhi o Martin Luther King.

Nuestro cerebro se vale de la observación para calificar en segundos: la higiene, la apariencia, la postura, el tono de voz. No se trata solo de mostrar un lenguaje corporal dominante, firme y seguro porque si se siente actuado o impostado, genera rechazo; tampoco se puede tratar de fingir un carisma si no lo hay. Todo lo que mostramos está controlado por la mente, y para que se vea en el cuerpo, esta tiene que estar convencida y creer firmemente en lo que se está tratando de transmitir.

Hace ya 2 300 años que Aristóteles escribió el libro *Retórica* y todavía hoy se siguen estudiando sus enseñanzas. Cuando quieres persuadir, lo que quieres es lograr un cambio en las personas que te escuchan, ya sea de conducta, de pensamiento o de acción. En su obra dice que lo que hagas y lo que muestres tiene que seguir la directriz de persuasión que son *logos*, *ethos* y *pathos*; y que estos vayan en el mismo sentido es la congruencia entre lo que haces, lo que dices y lo que muestras.

Ethos se refiere a la credibilidad que tú puedas tener como orador o divulgador. ¿Por qué tu audiencia debería creer lo que dices? Por ejemplo, es como si alguien que no cuida su físico ni su apariencia y trata de vender sus ideas como asesor de imagen.

Para poder persuadir a tu público lo primero que necesitas es envolverte en un aura de credibilidad. Si ellos no te ven como alguien en quien confiar, poco importa lo bien estructurados que tengas tus argumentos o tu lenguaje no verbal, ya que será muy difícil que consigas convencerlos.

Pathos es la capacidad que tienen tus palabras de generar emociones en la audiencia.

Apelar a las emociones es uno de los recursos más potentes que tiene un orador. Y de los más difíciles de dominar. ¿Te ha pasado que en una película te quieres parar a aplaudir, o que al escuchar a alguien se te pone la piel de gallina? Eso ocurre cuando las palabras son las precisas, en el tono correcto y en el momento exacto y te mueven. No es tan fácil de lograr, pero es un objetivo siempre. Además, cuando eres real, tu lenguaje corporal fluye de una forma coordinada y armónica, y surge unos segundos antes que las palabras.

Logos es la razón. Se refiere al mundo de la lógica y el razonamiento. Es todo aquello que refuerza tu mensaje desde el prisma de la razón.

El logos se construye con datos, gráficos e información. Si quieres que tu presentación sea persuasiva, prepárate, prepárate y prepárate.

De hecho, para mí uno de los grandes discursos para ver y analizar es el de Steve Jobs para los graduados de Stanford. Él llegó al pódium sereno, tranquilo, e hizo una pausa antes de empezar mostrando control. Primero se detuvo y miró lentamente a su alrededor, tratando de incluir al público con la mirada, realizó un reconocimiento a la universidad por ser la sede anfitriona, y arrancó con una broma con la que se permitió sonreír y conectar con la audiencia.

Después hizo una buena introducción en la que presentó su discurso y comentó que consistía en tres historias personales. A la audiencia le gusta saber cuánto va a durar o saber cuándo están cerca del final.

La verdad es que si no hubiera leído su discurso sería perfecto, pues al leer el tono de voz cambia y la postura se empequeñece, además de perder la magia del poder de la mirada. "Si alguien se tiene que dirigir a la audiencia, les debe la cortesía de saberse el material lo suficientemente bien para hablar sin notas", Jackie Kennedy.

No tuvo prisa, hizo pausas y contó cada historia personal como si fuera la más importante, sumando al decir su lema "vive con pasión".

El *ethos* de Steve Jobs es la credibilidad sustentada en una vida de trabajo y éxito emprendedor. Se le conoce por ser cofundador de Apple y máximo accionista de The Walt Disney Company. El *pathos* es la pasión que puso en todos sus emprendimientos y en ese momento del discurso en donde confiesa que está enfermo, y que cuando uno lo está, lo demás toma otra importancia. El *logos* son todas las razones en las que cree para inspirar a los jóvenes.

Amy Cuddy lo expresa en *El poder de la presencia* cuando dice que "la presencia a la que me refiero es el estado de ser conscientes de nuestros verdaderos pensamientos, sentimientos, valores y potencial, y ser capaces de expresarlos sintiéndonos a gusto". Es la presencia auténtica, con todas las razones y las emociones en conexión.

Realmente todos queremos convencer a los demás; ya sea la mamá o el papá que quiere persuadir a sus hijos para que coman más verduras, o el vendedor que quiere que le compren a él su producto o el candidato que necesita que voten por él. Pero si más de 80 por ciento de la comunicación es no verbal, debemos de cuidar entonces todos los aspectos no verbales, además de las palabras, para lograr ese propósito.

Todos queremos persuadir y es por eso que estoy escribiendo este libro. Cuando mis clientes me buscan para tener una asesoría en comunicación, en realidad lo que me están diciendo es "Bárbara, dime cómo le hago para tener mayor credibilidad y ser más persuasivo. Dime todo lo que ves en mí cuando hablo". Y yo siempre respondo lo mismo: "Ser más persuasivo es una consecuencia de tu credibilidad". Lo principal es trabajar con tu autenticidad, con lo que de verdad eres y crees, y así saberlo tú mismo porque si tú no crees en lo que estás diciendo, ¿por qué los demás habrían de creerte?

Entonces te dejo unos puntos a considerar si tu intención es persuadir:

1. **Es importante elegir el momento oportuno.** Te puedes acercar a las personas cuando estén más relajadas. Si ya tienes en mente pedir un aumento de salario, pero por tu falta de observación no te das cuenta de lo que está comunicando tu jefe con el sudor de su frente, la inquietud en los pies y al frotarse las manos, señales que reflejan que ha tenido un pésimo día y que está muy ansioso. Si a pesar de eso insistes en abordarlo en ese momento, ese también será un mal día para ti.

2. **Conoce a la otra persona.** Una parte importante de la persuasión es la relación que construyes con tu cliente, hijo, amigo, empleado, entre otros. Si no conoces bien a esa persona, es todavía más importante encontrar las cosas que ambos tienen en común. Los seres humanos en general se sienten más seguros cuando están rodeados de personas que se parecen a ellos, y por esta razón disfrutan de la compañía de esas personas. Encuentra paralelismos y ponlos en evidencia. Antes de ir a tu entrevista de trabajo investiga cómo se visten en ese lugar, cuáles son sus códigos y vístete de acuerdo con la ocasión sin perder tu esencia. Un comportamiento que te sea útil en una venta no necesariamente será bueno con otro tipo de cliente. A alguno le gustará tu cercanía y atención, mientras otros se sienten acosados cuando los miras muy atento, o sonríes demasiado. Hay que aprender a calibrar el lenguaje corporal según la ocasión.

3. **Habla afirmativamente.** No conviene que le digas a tu hija "no desordenes tu habitación", cuando lo que quieres decirle es "ordena tu habitación". Si le dices a un cliente

"no dude en ponerse en contacto conmigo", no sabrá qué quieres decir con eso, cuando lo que quieres decir es "llámeme si necesita que lo asesore". Muestra intenciones claras y directas.

Dentro de todo lo no verbal, podemos modificar algunos aspectos para lograr que nuestro mensaje llegue. Cuando hablamos de comunicación no verbal englobamos varios aspectos que son tan importantes y que debemos de tomar en cuenta, como son:

El entorno

¿Qué dice tu espacio de trabajo de ti? A lo mejor quieres dar la imagen de ser una persona cercana, pero tu escritorio enorme que pone una barrera dice lo contrario. O a lo mejor estás diciendo que eres una persona muy responsable, pero tienes un desorden que te contradice.

El entorno es el espacio en donde se da la acción, la escenografía o puesta en escena y hace que todo lo demás tenga sentido. La oficina define al dueño, porque si otra persona ocupara ese mismo espacio, lo tendría en otras condiciones. Los cuadros con los que decoramos, los colores que elegimos y la disposición de los muebles también proporcionan mucha información y además hacen que las personas se sientan cómodas o, por el contrario, se quieran retirar.

Un escritorio lleno de papeles acumulados puede comunicar a un posible cliente que quizá su caso solo será un fólder más.

También es importante cuidar la disposición de los asientos. Cada lugar en la mesa tiene distinto grado de influencia y poder. El lugar donde te sientas en relación con otra persona es determinante para obtener cooperación o resistencia. ¿Cuál es el lugar para el jefe? ¿De verdad en una mesa con las sillas iguales hay alguna que sea más importante?

El lugar más importante es el de la persona en la cabecera, sobre todo si se ubica con vista a la puerta, ya que ese es el lugar de poder, donde tiene el control para observar antes que todos quién entra y quién sale.

Ya sabes que la posición donde te sientes es determinante. Ahora, ¿si vas a tener una reunión, en cuál posición será mejor sentarse?

- Competitiva: uno frente al otro, como pistoleros en un duelo. Esta posición puede generar una actitud a la defensiva. Si eres el director de una escuela y estás hablando con un estudiante, esta barrera puede hacer que el estudiante adopte una actitud más necia, es una posición para competir o castigar.
- Esquinada: es la ideal para una plática casual, amistosa. Permite tener un buen contacto visual y esa esquina funciona como de media barrera, permite que las personas se relajen. Genera una atmósfera positiva y es ideal si vas a entrevistar a alguien.
- Cooperativa: es uno junto al otro, del mismo lado de la mesa. Esta posición la elige 70 por ciento de las personas cuando van a trabajar juntas. Lo que es muy importante es respetar los territorios.
- En una mesa cuadrada, la mayor cooperación vendrá de la persona de al lado, mientras que la mayor resistencia será de la de enfrente.
- Una mesa redonda puede ser la ideal para crear un ambiente más relajado e informal. El rey Arturo quería dar el

mismo estatus a sus caballeros por lo que los sentaba en la mesa redonda, el problema era que en cuanto se sentaba el rey, en ese momento las demás posiciones adquirían distinto poder. El siguiente lugar de mayor poder era el de su derecha, y el más competitivo era justo el de enfrente.

El olor

Te ha pasado que llegas a un lugar y no logras definir qué es aquello que te da paz o, por el contrario, que te ahuyenta.

Nuestros sentidos están recopilando información todo el tiempo, y el sentido del olfato es de los más primitivos y más desarrollados. El olor tiene el poder de transportarte, nada más con percibirlo puede llevarte a otro tiempo y a otro lugar. Cuando en las tiendas veo el perfume que usaba mi mamá, con tan solo olerlo me vienen muchísimos recuerdos.

El olor puede influir directamente en tu estado de ánimo. Hay empresas que gastan millones de dólares para lograr un olor en sus tiendas u hoteles, que sea agradable sin ser invasivo y que las personas se sientan cómodas en esos ambientes. El perfume que nos ponemos tampoco debe ser invasivo, mi mamá decía: "El perfume debe ser solo una sugerencia". Lo vivimos durante la pandemia, muchas personas al padecer covid perdieron este importante sentido del cual poco hablamos, pero cuando falta nos sentimos perdidos.

La apariencia

Es de las primeras fuentes de información que tenemos. Antes de que emitamos la primera palabra, nuestra apariencia ya dijo mucho de nosotros. Con la apariencia podemos saber el sexo, la edad, la higiene, podemos darnos una idea del nivel socioeconómico y a veces podemos saber también a qué se dedica la persona.

Nuestro cerebro está haciendo juicios todo el tiempo y en sus atajos empieza a evaluar si la persona en cuestión podría ser un aliado o representa algún peligro. La apariencia genera el *efecto halo*, que se refiere a un sesgo cognitivo, es decir, a una idea formada erróneamente sobre la realidad. Por este sesgo le atribuimos cualidades positivas a alguien que se ve bien.

El término fue acuñado en 1920 por el psicólogo Edward L. Thorndike a partir de sus investigaciones con el ejército, cuando observó que los oficiales atribuían una valoración positiva en los soldados, partiendo a menudo de una sola característica, de un solo rasgo observado, la apariencia. Los considerados valientes también eran vistos como inteligentes, responsables, trabajadores; y en sentido contrario ocurría lo mismo, atribuían características generales negativas cuando vieron en sus superiores una cualidad no tan adecuada, como estar mal vestidos, desfajados o mal peinados, en un momento dado.

El efecto halo consiste en generalizar y otorgar un conjunto de características a una persona a partir de uno de sus rasgos. Por ejemplo, vemos a un hombre bien peinado y vestido y decimos que es muy profesional, responsable y atento, cuando realmente no lo sabemos, pero nuestro cerebro corre a hacer esas asociaciones.

Confieso que el otro día fui víctima del efecto halo porque estaba hablando con alguien del banco, y siempre da miedo que te vayan a querer hacer alguna trampa, pero la voz del señor que me atendió era tan agradable y formal, además articulaba con mucha claridad cada palabra, de tal forma que reconozco que me produjo mucha confianza.

La apariencia hoy en día es importante y no debe de ser igual para todos, es decir, no es la misma exigencia en la formalidad al vestir de un abogado que de alguien que va para un puesto creativo, es importante ser congruente. Siendo conscientes de este sesgo, es importante racionalizar por qué creemos o dudamos de alguien, ir más allá y ver qué hay detrás de la persona, cuáles son sus cualidades y tener una impresión más completa, tratando de evitar los juicios apresurados.

El lenguaje corporal

Tu rostro, tu mirada, tu postura, son determinantes para poder persuadir, para ser creíble, para poder ser un líder. Si pareces inaccesible, cerrado y difícil, la gente no escuchará una sola palabra de lo que tienes para decir. Incluso si estás diciendo lo necesario, interpretarán lo que está comunicando tu cuerpo. Préstale atención a tus gestos y postura tanto como a tus palabras. Mantente abierto, igualmente tus brazos y tu torso en dirección de la otra persona. Conserva un buen lenguaje corporal, sonríe y proponte controlar tus nervios para no moverte de forma inquieta.

Para ser más persuasivo es importante establecer *rapport* o crear sintonía con el otro. Una vez más, los humanos gustan de las personas que perciben parecidos a ellos. Al imitarlos estás literalmente poniéndote en su posición. Si están recargados sobre un codo, tú también hazlo tratando de copiar esa posición. Si se recarga hacia atrás de la silla haz tú lo mismo. No lo hagas de una forma tan evidente para que la otra persona no perciba que la estás imitando. De hecho, si estás conectado, esto debería suceder de manera muy natural.

La voz

Es un elemento vital para llegar y mantenerte en el poder. No es lo que dices, es cómo lo dices. El tono de voz es de los elementos que más influyen en la transmisión del mensaje. Si estás contento hablarás en un tono más alto y de una forma más rápida y esto se hace sin pensar. Por su parte, los que te escuchan están todo el tiempo evaluando si la voz logra convencerlos de lo que estás diciendo mientras te evalúan de forma verbal, pero esta valoración se hace de manera inconsciente.

De los componentes de la voz hablamos en el libro *Lenguaje sin palabras*: volumen, velocidad o ritmo, tono y timbre.

No olvides la regla más importante. Puedes llegar en el momento correcto, conocer perfecto a la persona, hablar en positivo, establecer *rapport*, pero nunca, nunca debes sacrificar tu autenticidad ni la esencia de quién eres. Y lo mejor es que seas la mejor versión de ti.

Nos gusta escuchar a personas convincentes que tienen distintos tonos de voz y que son congruentes con el mensaje. Cuando alguien tiene voz agradable, estamos dispuestos a escucharlo por más tiempo.

La respiración

Es un elemento muy importante en la voz y nos transmite el estado emocional. Cuando la respiración es tranquila, también lo será el tono de voz, sin tanta variación. Cuando se torna profunda y fuerte, nos habla de que está reprimiendo una emoción, o conteniendo la ira. Se inhala más profundo para autorregular el estrés; y si la respiración es corta y rápida, nos habla de un proceso de ansiedad o angustia que se reflejará en la voz.

La apariencia

El físico importa. Aquellos considerados bellos reciben mayor atención de niños y menos castigos, aunque también se asume que su apariencia siempre ha sido la razón de sus méritos o que incluso carecen de inteligencia.

¿Qué podemos hacer para mejorar nuestra apariencia?

Edith Head, la icónica figurinista de cine, solía decir que una persona puede conseguir todo lo que se proponga en la vida si se viste para conseguirlo.

1. **Luce como una persona sana.** Tanto para contratar a alguien como para elegirlo de pareja. El cerebro busca señales que le den certeza de salud como son la textura del cabello, la piel, el tono rosado, una talla que no sea demasiado grande ni demasiado delgada. Para ello es importante tener una sana alimentación, sueño de calidad, practicar ejercicio y poner atención al cuidado de nuestros dientes, piel y postura.

2. **La limpieza es vital.** No nos gusta la suciedad desde nuestra biología elemental. Hasta en el mundo animal, un perrito descuidado, con el pelo anudado y abandonado, es más fácil que sea maltratado por el resto de los animales.

3. **Los zapatos son una extensión de uno mismo.** Cuida lo que tus zapatos dicen de ti. No se necesita mucho dinero ni comprar tantos pares, pero los que tengas tenlos en buen estado y limpios.

4. **Cuídate a ti mismo.** El mensaje que manda una persona que hace esto es que se ama y se considera importante. Es un tema de amor propio y de autoestima. El 70 por

ciento de la belleza viene de lo que tú percibes frente al espejo, puede parecer nada, pero la seguridad interna es algo que se transmite, además de que no hay maquillaje suficiente en el mundo para cubrir la inseguridad.

Por eso en la seguridad está el poder y el carisma, ese conjunto de cualidades que va más allá de cómo te ves y lo que dices es lo que muestra quién eres. Es tu sonrisa, tu manera de pensar, el sonido de tu voz, la forma en que tratas a los demás. Cary Grant decía: "Yo no nací Cary Grant, me fui haciendo poco a poco".

Capítulo 5

Cómo entender
una mirada

Lo que escondes en tu corazón,
aparece en tu mirada.

IMAM ALI

¿Se nace o se hace? ¿Se puede ser más carismático? ¿O es una cualidad que se tiene o no se tiene? La fuerza del carisma te da poder. En algunas religiones, el carisma es una gracia o don concedido por Dios para solo algunos, no todos.

Cuando vemos a Martin Luther King hablando prodigiosamente o a Gandhi convenciendo a miles de personas, pensamos que simplemente son seres carismáticos, extraordinarios y que están hechos de otro material genético o nacieron así, sin embargo, si estudiamos realmente sus historias podemos ver que no siempre contaron con esa "buena estrella" e incluso, como en el caso de Gandhi, tuvo experiencias tan fuertes en la vida que lo marcaron.

Gandhi nació el 2 de octubre de 1869 en el extremo noroeste de la India. Era un adolescente silencioso, que no destacaba mucho en la escuela y a los diecinueve años decidió estudiar en

Londres una carrera como abogado. Su primera experiencia en el tribunal fue desastrosa, pues se puso tan nervioso que enmudeció.

Gandhi vivía con una comunidad de hindús que eran constantemente atacados, despreciados y discriminados. En una ocasión viajaba en el tren y, a pesar de haber pagado su boleto, los policías injustamente lo maltrataron y lo echaron, solo por su apariencia física lo discriminaron. Así se empezó a encender el carácter de un hombre que dedicaría más de tres décadas de su vida al activismo pacífico y a movilizar personas con la fuerza de sus convicciones.

Martin Luther King, por su parte, creció con los consejos de su papá, que era un predicador y activista social, inspirado en el ejemplo, justamente de Gandhi, y con una fuerte convicción logró movilizar a un gran grupo de la comunidad afroamericana hasta llevarlos a la histórica marcha en Washington, que congregó a 250 000 manifestantes, al pie del Lincoln Memorial. Ahí fue donde Martin Luther King pronunció el más célebre y conmovedor de los discursos, con su visión de un mundo más justo: "Yo tengo un sueño".

Lo curioso es que Martin Luther King tiene varias publicaciones, pero ninguna con tanto éxito como ese discurso que pronunció de forma magistral. El sentimiento, las pausas y el tono de voz, que aún conmueve escuchar, son factores no verbales que acompañan a las personas poderosas.

¿Te has puesto a pensar si Gandhi habría tenido el mismo efecto si se hubiera manifestado vistiendo su traje y corbata que acostumbraba a usar mientras estudiaba leyes? Gandhi logró tener claro qué quería, para qué lo quería y fue congruente entre lo que decía, hacía y mostraba, y con su vestuario se volvió creíble.

Respecto al tema del carisma, Marco Tulio Cicerón, nacido el 3 de enero de 106 a. C. en Arpino, una localidad situada al sur de Roma, orador, jurista, político y filósofo romano (106-143 a.C.), combinó el arte oratoria y el servicio a Roma. Como orador, resulta imposible exagerar su fama. Quintiliano, el famoso maestro de retórica, dijo que no era el nombre propio de un hombre, sino el de la elocuencia misma. Él escribió que las acciones del cuerpo eran "los sentimientos y las pasiones del alma". Se dio cuenta de que en la comunicación no solo intervenían las palabras, sino también otros elementos no verbales como la postura o los gestos.

Cicerón decía que es el ornato en el lenguaje —el modo en que se pronuncian las frases, la manera en la que se mueve el orador cuando habla— lo que permite apreciar el estilo en el discurso. Para Cicerón, filosofía y elocuencia, en tanto que constituyen contenido y forma del discurso, deben caminar siempre de la mano.

Entonces esa idea de que se nace con carisma o no claramente es un mito. Todos podemos tener el poder y a partir de hacer un esfuerzo deliberado por ser más agradables, más empáticos y desarrollar nuestras habilidades de comunicación, lograr experimentar nuestro potencial.

Hoy que me dedico a asesorar personas sobre cómo hablar en público debo confesar que siempre soñé con tomar la palabra, que no me temblara la voz y que lograra cautivar con las palabras precisas para el momento. De entrada, hasta para un brindis en la mesa me ponía tan nerviosa que los evitaba y así se perdían momentos y oportunidades de agradecer, de expresar lo que sentía. Otras, muchas veces, me pasó que no se me ocurría qué decir o cómo defenderme hasta que ya se había ido el momento y entonces llegaba la iluminación divina de las palabras precisas. Ahora lo entiendo, un cerebro estresado no tiene claridad para pensar, con miedo no se puede ser creativo.

Me acuerdo particularmente, cuando daba clases de comunicación en la Anáhuac de Querétaro, y tenía varios grupos con alrededor de veinte alumnos cada salón y en donde la mayoría rondaba alrededor de los veinte años. La primera vez que me presenté lo hice muy mal, estaba muy nerviosa, me temblaba la panza y además hablé tan rápido que lo que tenía programado para exponer en una hora y media lo terminé en quince minutos y después ¡no sabía qué hacer! Tuve que mentir y decirles que por ser el primer día de clases les daba permiso de salir a resolver sus problemas con los horarios de las otras clases. Salí tan frustrada que la siguiente clase la planeé y la ensayé y nunca más me volvió a pasar esa experiencia tan desagradable. Me consuela saber que Churchill también tuvo malas experiencias con sus discursos y por ello los preparaba y los ensayaba para lograr su impacto.

Curiosamente, uno de los momentos en donde mejor he logrado expresarme fue en el velorio de mi mamá. Un sacerdote acababa de dar su sermón y sentí que no dijo nada relevante de su increíble vida, y no nos podíamos ir sin hablar de ella, de todo lo divertida y especial que era. Ahí sí fluyeron las palabras como cascada.

Siempre que tengas un reto es bueno tener en perspectiva a alguien a quien admires. Yo, por ejemplo, en esa época admiraba mucho —y aún lo hago— a Joaquín López-Doriga, al finado Ricardo Rocha, a Carlos Loret de Mola y a Denise Dresser, por su manejo de grandes auditorios y su capacidad para mantener la atención de su público mientras exponen, y hasta su habilidad de improvisación. Sin embargo, en ese entonces me llegaban esos pensamientos de "no soy suficientemente buena" o "yo nunca voy a poder" hasta que después de varias sesiones de terapia, mi psicóloga me preguntó:

—¿Cuántos años lleva Denise dando clases en el ITAM?
—Probablemente veinte.
—¿Cuántos años lleva Joaquín trabajando en medios?
—Muchos.

Ella tenía razón. Sus preguntas guardaban en sí mismas las respuestas.

Nadie nace sabiendo y muchos se quedan en el camino porque se exigen demasiado, en el camino del aprendizaje, lo bueno es que siempre se puede seguir aprendiendo.

Volvamos al carisma. Los comportamientos carismáticos se aprenden generalmente en la niñez. Acuérdate de la frase: "La palabra convence, pero el ejemplo arrastra. No te preocupes porque tus hijos no te escuchan, te observan todo el día", dicha por la Madre Teresa de Calcuta.

Si no tuviste alguien así, que fuera tu modelo a seguir en la infancia, tú mismo tendrás que motivarte a buscar ejemplos, personas que por su forma de conducirse te provoquen admiración.

Steve Jobs es un gran ejemplo de trabajo personal porque sus presentaciones no siempre fueron tan exitosas como lo eran al final de su carrera. De hecho, las primeras carecían de gracia, no cambiaba el tono de voz, se veía incómodo con él mismo y parecía que estaba fuera de lugar. Es difícil poner atención a una persona que expone con esas características. Nuestro cerebro, en segundos, desconecta su energía en poner atención, cuando alguien mantiene el tono de voz sin variaciones. Al final Jobs lo logró y fue un ejemplo inspirador para muchas personas.

En política dicen que el rey del carisma es Bill Clinton, simpático, agradable, y además tocaba el saxofón. En Estados Unidos muchos presidentes han sido muy elocuentes y han dejado muchas frases y publicaciones, pero Bill Clinton es el artista supremo del lenguaje corporal y eso le permitía vincularse con el pueblo estadounidense. Su arsenal de recursos no verbales incluía el morder sus labios para mostrar angustia, la mirada al techo para mandar el mensaje de que realmente estaba considerando una pregunta, la tensión en la quijada para mostrar determinación y el golpear el escritorio para demostrar su enojo y la fuerza de sus decisiones. Todo ese repertorio lo salvaba de todos los tropiezos que hubo durante su mandato. Lo podemos llamar el genio de los gestos. En la televisión los espectadores podían conectar con él mientras otorgaba el premio a los *boy scouts* o el reconocimiento a estudiantes en alguna escuela.

Realmente irradiaba compasión y mostraba compromiso con lenguaje corporal, pero en el radio sonaba plano, sin emoción. Clinton necesitaba a todas las personas de alrededor para motivarse y así emocionarse y provocar. Era sumamente persuasivo, no solo por sus palabras, sino por gestos —como la mano que ponía en el hombro— que lo hacían muy carismático. Tenía varios trucos, entre ellos hablaremos de dos de los que podemos aprender, uno es que se aprendía y memorizaba con facilidad los nombres de las personas y, en palabras de Dale Carnegie, recordemos que "el nombre de una persona es para esa persona el sonido más dulce e importante en cualquier idioma".

El otro gran secreto de Clinton, que por cierto también lo tiene Trudeau, el primer ministro canadiense, es que saben mirar, poner toda su atención en la persona con la que están y eso las hace sentir únicas, aunque estuvieran en un cuarto lleno de muchas otras personas.

Nos emociona sentirnos mirados…

Zelenski, el presidente de Ucrania, también ha sido todo un estratega en su comunicación, ha logrado tal elocuencia y congruencia en sus mensajes que es una figura poderosa considerada en el año 2022 la persona del año por la revista *Time*. Entre sus cualidades resaltan que cuando llegaba a una conferencia de prensa en plena guerra con Rusia quitaba el atrio, se bajaba a donde estaban todos los presentes, se acercaba y se mostraba como uno más del pueblo que luchaba para salvar a una nación. Su ropa y apariencia también ha sido congruente con su mensaje de cercanía.

El carisma no es algo mágico, lo han estudiado psicólogos, sociólogos y científicos del comportamiento. ¿Para qué queremos ser más carismáticos? Porque nos gusta agradar, seducir, influenciar y persuadir. Queremos que nuestra pareja nos elija, que nuestro cliente nos siga comprando. La diferencia entre un psicólogo y un extraordinario psicólogo puede ser el carisma, esa forma de saludar, de escuchar o de despedirse, puede ser su capacidad de sonreír y esto aplica a cualquier profesión y hasta en la vida diaria. Preferimos a esa amiga que nos da su atención, que nos escucha incluso con la mirada, que sabe cuándo poner la mano en el hombro y decirte "no pasa nada, todo va a estar bien".

Si te enfocas en lograr habilidades para ser más carismático podrás ser más persuasivo, más inspirador y lograr influir en los demás.

Para mejorar nuestro carisma, hay tres elementos indispensables:

- **La presencia.** Esto no tiene que ver con la belleza de una persona. Churchill, por ejemplo, tenía una gran presencia en donde estuviera. El solo hecho de que estuviera en una sala ya confería seriedad e importancia a la reunión.

  Por otro lado, hay ausencias que gritan.

  Cuando tu público, tus hijos, tus gobernados no se sienten escuchados, no pueden conectar contigo, y de esa manera no podrían sentirte como alguien carismático. Amy Cuddy, en *El poder de la presencia*, señala que "cuando nos sentimos presentes, nuestras palabras, expresiones faciales, posturas y movimientos están en armonía. Se sincronizan y centran. Y esta convergencia y armonía interior es patente y resonante, porque es real".

- **El poder.** En este punto me refiero al poder como una capacidad de transformar. Puede ser por tu inteligencia, tus músculos, tu dinero, tu experiencia o por tu puesto, pero una persona carismática y que necesitamos tener cerca es aquella que por el poder de sus convicciones tenga la energía para lograr el objetivo. Las personas carismáticas deben mostrar que tienen el poder de modificar el entorno, el grupo o hasta el mundo. No queremos el poder por el poder, queremos el poder transformador. Buscamos personas que no dudan, que están dispuestas a participar y que se muestran seguras y serenas, no arrogantes ni dominantes.

- **La calidez.** Es la capacidad de mostrarte interesado en los demás y disponible para ayudar, es tu capacidad de conectar, de ser humano. Tú también puedes ser carismático, así que sigue estos sencillos trucos:

1. **Enfócate.** Muéstrate interesado y presente cuando alguien esté hablando. No te distraigas ni con el celular ni con cosas que pasen alrededor. Ve y escucha con curiosidad.

2. **Sé amable, atento y di cumplidos genuinos acerca de la persona con la que estás generando conexión.** Es más probable que alguien se acuerde de ti si hiciste eso, que de la persona que no dijo nada positivo.

3. **Haz contacto visual.** Sabes que es más fácil buscar el contacto visual en caras sonrientes, pues no representan amenaza. Sonreír, parecer curioso y atento permite más y mejores contactos visuales. El promedio de contacto visual en Estados Unidos es de siete segundos, incluso se hacen estudios porque el prolongado contacto visual genera intimidad cuando dura más de veinte segundos. Arthur Aron, profesor de psicología que estudia la intimidad en las relaciones interpersonales, ha probado cómo el contacto visual prolongado puede hacer que te enamores.

4. **Parafrasea.** Cuando escuchas a alguien y lo parafraseas, es una forma de mostrar interés y empatía. Es como ser un espejo y así la otra persona puede escuchar de tu boca lo que él o ella está expresando y así repensarlo. Este

comportamiento genera el gusto por seguir hablando de uno mismo, lo cual al ser humano le encanta.

5. **Ten maestría personal.** Si quieres tener poder e influir en las personas debes ser riguroso contigo mismo, levantarte temprano, tener orden en tu vida, tender tu cama. Esas pequeñas acciones se reflejarán en tu comportamiento no verbal. Cuida el orden para que este te cuide a ti.

6. **Muestra calma en acción.** Preséntate tranquilo y cómodo contigo mismo, dueño de ti mismo y de tu comportamiento. A la gente no le gusta estar con personas ansiosas ni nerviosas que no pueden parar de moverse.

También existe la mirada del poder, el canal fundamental para tener carisma es la mirada. La mayor parte de la información interpersonal es visual y lo podemos sentir en la diferencia que hay entre un mensaje de texto, o una llamada, donde le agregamos el factor emocional de la voz, o un encuentro, en donde ya sumamos la mirada y podemos apreciar los gestos, las posturas y las expresiones faciales.

Como dice Miles L. Patterson en su libro *Más que palabras*: "Si mantenemos la mirada hacia otra persona aumenta la excitación fisiológica". Por lo tanto, la mirada intensifica el significado del mensaje. Tanto si se trata de palabras de amor o de una amenaza, una mirada directa aumenta el impacto de la comunicación.

Me encanta la frase de Aristóteles que mencionaba anteriormente: "No hay nada en nuestra inteligencia que no haya entrado por medio de los sentidos", entre más sentidos involucremos, se suman y así tenemos más información sensorial. Cuando llegas a los parques de Disney, la experiencia se vuelve casi mágica porque ves colores, flores, cascadas, escuchas música alegre, por doquier abundan las risas, y los olores, y todo eso se suma aumentando la experiencia. Los sentidos potencializan las emociones. No es lo mismo que te digan que te aman viéndote a los ojos, imprimiendo emoción a la voz, que en un chat, por más corazones que pongan.

La mirada es fundamental en el intercambio al hablar y para coordinar quién va a hablar. Nos pasaba durante la pandemia que, cuando hacíamos videollamadas o entrevistas, nos interrumpíamos unos a otros, pues sin la presencia es difícil sentir quién quiere hablar.

Nadie duda que si alguien tenía poder en la mirada era Lady Diana. ¿Por qué es tan famosa la mirada de la princesa Diana?, ¿qué tenía?, ¿por qué generaba ese carisma inmediato? La princesa Diana de Gales proyectaba magia. Los que alguna vez la vieron en un restaurante o en algún evento dicen que simplemente brillaba, llenaba el lugar y prácticamente era imposible dejar de verla.

Desde muy joven sabía el efecto que producía su forma de mirar, ese efecto que provoca bajar el mentón y mirar hacia arriba. Es una muestra de sumisión, y generalmente es un gesto atractivo para el sexo masculino porque hace que los ojos se vean más grandes y asemeja a esa visión que tenemos cuando un niño nos mira hacia arriba casi suplicando protección, la cual, en la mayoría de los adultos genera ternura e instinto de protección.

La mirada de la princesa Diana era totalmente distinta a las que habíamos visto en la realeza. Los británicos estaban acostumbrados a que las figuras de la familia real guardaran una imagen estoica, distante, la gente los miraba como en escaparate y ellos posaban sin mirar, sin tocar, sin mostrar ninguna emoción. Diana se conmovía con los niños, los ancianos, los enfermos; se acercaba, abrazaba, tocaba. Al contacto con los niños, se agachaba para ponerse en el mismo nivel, con los ancianos siempre tenía palabras dulces y los enfermos se quedaban sorprendidos porque, aunque ella tenía la instrucción de no tocarlos, no lo resistía y decía con un abrazo mucho más que palabras.

Sabía mostrar una mirada de inocencia, de ternura, también la de seducción y coqueteo que le dio lugar a ser la mujer más fotografiada para las portadas de revistas. Su mirada era tan importante que el negarle la mirada a alguien era equivalente a un grito de desprecio. Como lo hizo en una imagen de ella caminando con Camila Parker Bowles, "la amiga" de su marido con la que tuvo que lidiar tanto tiempo.

Habría quienes creyeran que esta variedad de miradas de la princesa se debía a que su rostro formaba parte de un catálogo de millones de fotografías por todo el mundo, pero cuando uno observa con detenimiento las imágenes podrá notar que Lady Di hablaba con los ojos, y aunque seguía todos los protocolos al pie de la letra, en la mirada se veía su emoción real y su identidad. Eso es autenticidad y es parte de la magia. Nos gusta estar con personas que muestran realmente cómo se sienten.

Evidentemente, Diana no ha sido la única mujer en la historia capaz de cautivar tan solo con una mirada. Marilyn Monroe también era una experta en cuanto al lenguaje sin palabras. Ensayaba y practicaba frente al espejo, se colocaba en distintas posiciones, observaba en dónde colocar la cara y el cuerpo, sabía perfecto cómo mirar para ser poderosa. Encontró cómo bajar los párpados a la mitad de los ojos para suavizar su mirada y lograr ese efecto que provocaba que los hombres se rindieran a sus pies. Levantaba las cejas, mojaba sus labios con la lengua y dejaba la boca entreabierta. Esas imágenes daban la vuelta al mundo.

Hay personas que tienen lindos ojos, pero otras, además, los saben usar. No cabe duda de que la mirada bien usada o implementada es un arma para atacar, seducir o en su caso evitarla en defensa propia. La mirada habla por nosotros y revela nuestra identidad y, además, nos sirve para escuchar.

Abrimos los ojos cuando sentimos miedo o ante una sorpresa, porque necesitamos más información, y los empequeñecemos ante algo desagradable para reducir nuestra exposición, también cuando estamos frente a un enemigo, con la mirada lo empequeñecemos. Tapamos los ojos como bloqueo para no ver una realidad difícil de asimilar. Es nuestro sistema autónomo del que hablaremos en el siguiente capítulo, generando respuestas en nuestro cuerpo ante las emociones.

La acción de ver es el resultado del trabajo en equipo entre los ojos y el cerebro que, juntos, crean la imagen del mundo que nos rodea.

El sentido de la vista absorbe un gran porcentaje de la actividad cerebral, cuando queremos encontrar algo en la bolsa, cerramos los ojos para que el sentido del tacto sea más pleno. Cuando queremos distinguir un perfume, también clausuramos el área visual para que el olfato se agudice, pero cuando abrimos los ojos hay pocas cosas tan honestas. A falta de información de los ojos, el cerebro y su neuroplasticidad hacen que los demás sentidos se apoderen del control.

Pocas cosas son tan reveladoras como la mirada. Cómo miramos va a determinar el tipo de relación que vamos a establecer. La mirada dice muchas cosas y hay que saber observar, hacia dónde se dirige, el tamaño de las pupilas, el índice de parpadeo; todo esto para entender cómo se siente esa persona y qué nos está diciendo sin palabras.

Siempre es importante analizar todo el contexto, no solo la mirada. Hay que evaluar el estado de ánimo, la postura, el tono de voz para tener un mejor entendimiento de lo que piensa o siente esa persona.

Con el lenguaje verbal ocurre algo que también sucede con el no verbal, hay que analizar toda la oración, por ejemplo, si piensas en una bolsa, puedes pensar en una bolsa de mujer elegante, o en una bolsa para la basura, o en la bolsa de valores, o en la bolsa que se forma bajo los ojos con la edad. Lo mismo sucede con el lenguaje corporal, un solo gesto, una sola mirada no se puede analizar más que en toda la oración, es decir, en todo el contexto.

Si notamos que alguien al hablarnos nos mira, pero cierra los ojos por un periodo más largo de lo habitual, es un gesto arrogante, pero además vemos que levanta el mentón y que abre los hombros, esa oración no verbal ya nos lleva a pensar que la persona al hablarnos nos está mostrando una actitud arrogante, engreída y soberbia.

Igual sucede con la mirada, hay más detalles alrededor que van a determinar su intención, ya que tiene un efecto inmediato. Esto ocurre incluso entre los animales. ¿No te ha pasado que sacas a pasear a tu perro al parque y cuando ve a otro se miran, se huelen y en segundos se establece si se van a coquetear o se atacarán ferozmente? Al mirar directamente por más de siete segundos, se activa el área primitiva del cerebro, provocando uno de los dos comportamientos: acercarse o retirarse. La mirada se siente, cuando alguien te está viendo, lo notas.

La mirada del amor se caracteriza porque los enamorados se quieren mirar todo el tiempo, y entre más se miran más sintonía hay entre ellos, claro, queremos ver nuestro objeto de deseo, y cuando las relaciones entran en fases de agotamiento se evitan las miradas.

Parece increíble, pero a veces pasamos mucho tiempo con nuestra pareja y en el día a día o al ir a una reunión a veces nos pasa que no hay un instante de contacto visual franco, de intimidad, de conexión. De hecho, cuando una pareja deja de mirarse es síntoma de problemas en la relación. Una práctica común en una terapia de pareja es sentar a los involucrados frente a frente con el objetivo no solo de verse, sino de observar más allá, cuando le dedicas tiempo, atención y ganas de comprender, podrás descubrir muchas emociones que estaban ahí escondidas y quizá si estás a tiempo con la mirada vuelves a conectar.

Definitivamente, hay algo más que las palabras y cuando logras mirar a tu pareja es como magia, entiendes su dolor, sus sentimientos, su vulnerabilidad. Es muy común en estas terapias que después de una mirada profunda de varios minutos culmine en un beso.

En España se hizo un experimento en el cual unos desconocidos se miraban fijamente por un cierto periodo de tiempo. Después de unos segundos la mirada entre ambos se iba transformando. Parecería que bastaran tan solo unos cuantos segundos para que dos perfectos desconocidos lleguen a intimar con la mirada a tal grado que parece que se entienden y se conocen de toda la vida. Este hecho demuestra que la mirada es un instrumento poderosísimo de conexión, pero también es un gran recurso para establecer barreras de protección, por ejemplo, cuando hay alguien con quien simplemente no quieres relacionarte, lo primero que haces es evitarlo con la mirada como lo hacía Lady Di con Camila. Es una manera de no dejar entrar a los demás en nuestra intimidad.

Me fascina tanto el poder de una mirada que incluso tengo en mi X (antes Twitter) como parte de mi biografía la frase de un proverbio árabe que dice: "Quien no entiende una mirada, tampoco entenderá una larga explicación".

Bien sabemos que hay cosas que se deben decir mirando a la cara, no se puede tras un teléfono o mirando a otro lado. Por ejemplo, si vas a terminar la relación con tu pareja tienes que hacerlo de frente, si vas a renunciar a tu trabajo o vas a correr a alguien, tienes que hacerlo cara a cara mirando a los ojos.

De todas las miradas, la peor es la que se evita. La mirada sirve para establecer compromiso, por eso algunos dicen: "Dímelo viéndome a los ojos". Es más fácil mentir en internet cuando no podemos escuchar cómo varían los tonos de voz y no existe el contacto visual.

Además, otro detalle curioso de cómo el cuerpo habla es que las pupilas aumentan de tamaño cuando miramos algo que nos provoca o nos agrada, y eso sucede de manera involuntaria por el contrario, nos ocurre que la pupila se empequeñece cuando vemos algo que no nos gusta, por ejemplo, cuando vemos imágenes de sangre o de guerra.

También se sabe que, en el área de publicidad, a las modelos se les altera el tamaño de la pupila en sus imágenes para que luzcan más atractivas.

En reuniones de trabajo o cuando alguien pronuncia un discurso debe evitar los lentes oscuros porque producen mucha inseguridad, eso se debe a que el no ver la mirada genera desconfianza. ¿Qué es lo que oculta?

Es increíble todo lo que podemos decir solo con la mirada, sin abrir la boca. Hay miradas de admiración, desafiantes, que desnudan, irresistibles, perdidas, de complicidad, pícaras, burlonas, incluso por su profundidad y por su fuerza, hay miradas que matan.

La clave del poder de la mirada es saber que la otorgamos a quien consideramos valioso. Por eso es importante realmente conectar con tu pareja, con las personas en tu trabajo o cuando tienes la posibilidad de hablar en público, busca hacer un contacto real con algunas personas de las que te rodean. Si en una reunión alguien siente que no lo miraste, se sentirá rechazado.

Otro aspecto que nos habla de la mirada es el índice de parpadeo. No lo controlamos voluntariamente y surge para mantener los ojos hidratados, pero el índice de parpadeo nos avisa cuando hay estrés, miedo o ansiedad.

El ser humano parpadea entre catorce y diecisiete veces por minuto, pero ante la presencia de adrenalina, este se acelera.

En una conferencia de prensa, Donald Trump empezó a dar soluciones a la pandemia y dijo que tal vez se podía implementar un sistema para inyectar cloro y así limpiar los organismos. La doctora Deborah Birx, quien trabajó junto con Anthony Fauci en el manejo de la pandemia en Estados Unidos, se encontraba sentada a un lado, no se movía, pero claramente se podía observar que sus ojos no paraban de parpadear. Llegó a alcanzar un índice de entre ochenta y noventa parpadeos por minuto. El cuerpo habla.

Ante el engaño hay varios comportamientos posibles en cuanto a la mirada, puede ser de evitación, pero según criminólogos y agentes del FBI es mucho más común una mirada fija, como de plato, ante el engaño. Esto ocurre por el esfuerzo cognitivo de crear una historia, más el esfuerzo emocional de tratar de no mostrar el estrés. Un mentiroso te mira fijamente, para ver si encestó y te la creíste.

Cuando era niña me acuerdo de que mi papá me decía que al saludar mirara a los ojos porque era una forma de mostrar seguridad. Entonces, cuando miramos a alguien a los ojos es cuando se establece una base real de comunicación. Cuando miramos a alguien a la cara le estamos dando a entender que estamos interesados en lo que nos está diciendo, pero una mirada demasiado fija y con poco parpadeo, más bien se siente rara e incómoda, así es la de un depredador. De hecho, hay dos posibilidades: una es que nos esté analizando (para atacarnos o para vendernos algo) o también puede suceder que esta persona trae su diálogo interior y no nos está poniendo atención.

Para algunas culturas asiáticas el contacto visual directo es una falta de respeto y una intromisión. Los japoneses, por ejemplo, procuran mirar en el área de la garganta para no incomodar, y en las reuniones digitales se evitaba encender la cámara por respeto.

En la geografía de la cara es importante saber a dónde mirar, por eso es importante que conozcas los diferentes tipos de miradas que denotan intenciones:

1. **La mirada social:** es la que se da en cualquier encuentro. Consiste en mirar hacia el triángulo que se forma entre los ojos y la nariz. La persona a la que mires ahí te percibirá como una persona no agresiva.

2. **La mirada íntima:** se da en un triángulo mayor que se forma con los dos ojos y un punto en el cuello. Se han

hecho varios estudios con cámaras escondidas y han descubierto que cuando hay interés en una pareja o están en la fase de coqueteo, las miradas incidirán en ese triángulo que también podemos llamar el triángulo de las bermudas, porque algunos se pierden ahí.

3. **La mirada de poder:** es un triángulo imaginario que se forma entre los dos ojos y el centro de la frente (como si la persona tuviera un tercer ojo). Realmente tienes que experimentarla para sentir su poder, no es una mirada que usarías entre amigos o con tu pareja, pero en una situación de trabajo que alguien se quiera propasar contigo o que no se calle, es una manera sutil de hacerlo callar.

Mirada de poder

Mirada social

Mirada íntima

Es irónico que el sentido de la vista sea primordial a la hora de escuchar. Solo hay que prestar atención a lo que te dicen y cómo te lo dicen. Si no coincide lo que estás escuchando con lo que observas en su cuerpo, hazle caso a lo que observas. Se puede mentir con las palabras, pero con el cuerpo jamás.

De todos los canales con los que nos comunicamos, la mirada es la más transparente, es la única que revela nuestra verdadera identidad, por eso decimos que la mirada es la ventana del alma.

Capítulo 6

Que tus manos te hagan creíble

Casi todo depende de su prestigio,
defiéndalo hasta la muerte.

ROBERT GREENE

Huella de comportamiento

David Matsumoto, experto en comunicación no verbal, microexpresiones y el estudio de las emociones, definió como huella de comportamiento todo aquello que da información sobre ti, incluso sin estar presente.

Cuando vas a visitar escuelas para ver en cuál inscribes a tu hijo, claro que valoras todo como la preparación académica, los maestros, los valores y demás, pero tu experiencia al llegar, y analizar el lugar, quién te recibe, cómo te recibe y cómo te hace sentir, influenciarán mucho tu decisión.

Esta huella de comportamiento habla de ti. Hoy más que nunca debemos ser cuidadosos con lo que compartimos en internet, es bien sabido que ahora cualquiera va a googlearte, un reclutador antes de la entrevista de trabajo, un candidato a pareja antes de una cita. Además, siempre les digo, sobre todo a los jóvenes en las clases, que contrario a la frase: "Lo que pasa en Las Vegas se queda en Las Vegas", lo que subes a internet es público y se queda ahí para siempre.

Esta huella de comportamiento se va construyendo y ya la tenemos bien identificada, como cuando invitas a una amiga a tu casa y ella te dice: "Te llevo el postre". Según su huella de comportamiento ya sabes qué esperar, puede ser desde el mejor pastel, porque ella siempre da lo mejor de sí misma, o ya sabes que mejor consigues una segunda opción, porque seguro llegará y te dirá que el tráfico estaba peor que nunca y que no pudo comprar nada.

Tu coche, como tu oficina o tu casa, también hablan de ti. A mí me pasó que cuando era adolescente salía con un muchacho que me encantaba, era campeón de tenis y tenía una gran personalidad. Todo marchaba sobre ruedas hasta que un día pasó por mí para llevarme por un helado y no pude soportar el olor del coche y el tiradero que tenía: una lata de refresco vacía que llevaba meses ahí, sus cuadernos arrumbados como si fuera un clóset y una toalla para quitar el sudor que era muy útil en la cancha, pero no en el asiento del copiloto. Estos detalles no permitieron que prosperara la relación.

La huella de comportamiento, entre otras cosas, puede estar ayudando o dificultando tu credibilidad.

Tengo la suerte de ir con un dentista que me da toda la confianza del mundo. El doctor Bloom es muy profesional y cuidadoso, su comunicación es congruente en todo lo que hace, por eso tiene tanto éxito. Su mensaje de higiene va "impreso" en todos lados, en la entrada, en el tapete, en el baño, la enfermera tiene uñas cortas y sin pintar, tiene una pecera limpia y bien mantenida, incluso la persona que hace la citas y los cobros es congruente con toda la imagen de calidad e higiene del doctor Bloom.

Además, no solo dice que le importas, sino que realmente hace todo para que no lo dudes. Te envía una tarjetita para desearte un feliz cumpleaños y recordarte que vayas a tu revisión y además es muy cuidadoso en su trabajo, protege tus dientes como si fueran suyos, hace todo por ser lo menos invasivo posible, aun y cuando el hacer una curación más grande le reportaría una mayor ganancia. Trata con mucho respeto a su equipo de trabajo y hasta algunos de ellos llevan más de veinte años trabajando con él. Eso también es huella de comportamiento y habla bien de él. Es cuidadoso, congruente y genera credibilidad, así que uno ya sabe qué esperar del doctor Bloom. Por supuesto, durante la pandemia fue hasta exagerado en las medidas de precaución e higiene.

En política, Angela Merkel es un gran ejemplo de congruencia y credibilidad. Ella era la misma sin importar a quién tuviera enfrente, ya fuera su secretario particular, Putin o Trump. Si en algo no estaba de acuerdo, se lo iba a hacer notar a cualquiera. Ante la pandemia, reconoció abiertamente que en un principio se cometieron errores, pero prometió que los iba a rectificar, y así lo hizo. Además, la canciller alemana tuvo un gesto que dio la vuelta al mundo.

Cuando fueron homenajeados por el gobierno alemán los científicos Uğur Şahin y Özlem Türeci, fundadores de BioNtech

—la empresa que creó la vacuna contra el coronavirus de Pfizer—, por su trabajo en la lucha contra la pandemia del coronavirus. Al acto acudió el presidente de Alemania, Frank-Walter Steinmeier, y la canciller, Angela Merkel, pero para sorpresa de todos, cuando entraron al palacio de Bellevue en Berlín, los dejó pasar primero y bajó la cabeza, como un acto de reconocimiento, una forma de decirles: "Los importantes ahora son ustedes". Sencillez que engrandece. En cuanto a su apariencia, ella eligió un uniforme poco vistoso y práctico, que centrara la atención en su rol y no en su vestido. Su apariencia invitaba a pensar que la jefa del gobierno alemán tenía otras cosas más importantes con las que lidiar desde primera hora del día. Aunque en reuniones diplomáticas era la que aportaba el color, la alegría y la autenticidad, pero sobre todo la credibilidad.

Cuando le preguntaron por su estilo, respondió: "Soy una empleada pública, no una modelo". Ella no quería atraer la atención a su apariencia o atuendo; su imagen es como su política: concreta, austera, constante, alegre y colorida. La gente ya sabía qué esperar de ella, qué cosas estaba dispuesta a negociar y cuáles no.

En contraste, un político que para algunos era gracioso, pero realmente no se sabía qué esperar de él y perdió los votos por perder la credibilidad, fue el primer ministro Boris Johnson, quien en un principio negó la gravedad de la pandemia, hasta que él mismo se contagió y tuvo que ser internado en el hospital. Mientras el Reino Unido vivía un estricto confinamiento, Boris Johnson daba los mensajes y decía que estaba prohibido tener reuniones sociales en interiores, él hizo nada más y nada menos que una fiesta de cumpleaños en la residencia oficial. ¡Qué incongruencia!

Que tus manos te hagan creíble

Tal acción no fue perdonada por los ingleses y miembros de su partido.

En la credibilidad está tu huella de comportamiento y la coherencia entre lo que dices, lo que haces y lo que muestras.

Los agentes del FBI dicen que una buena forma para saber si alguien nos está mintiendo se detecta en las manos, las cuales van con sus movimientos ligeramente antes de lo que estás diciendo, hay armonía entre la comunicación verbal y no verbal.

Cuando mentimos estamos haciendo un esfuerzo cognitivo (en crear la mentira) y un esfuerzo emocional (en controlar tus nervios), y esos esfuerzos hacen que las manos no se muevan de una forma natural y se mueven menos y fuera de tiempo.

Nuestro subconsciente capta esas fallas en sincronización y simplemente algo no te cuadra.

Las manos

Nuestras manos son indispensables para trabajar, jugar, protegernos, vestirnos, además con ellas tenemos la posibilidad de tocar, acariciar y expresar lo que a veces no podemos decir con palabras. Son nuestras herramientas para muchas cosas, ¿te ha pasado tener mal un dedo y tratar de vestirte? Bueno, ya sabes que todos son indispensables y entre sus múltiples usos nos ayudan a comunicarnos. Si te encuentras a un amigo en la calle, primero levantas la mano para hacerte visible y llamarle.

Debemos tener presente que ya en sí su aspecto comunica. La higiene y cuidado de las uñas habla, aun cuando no has dicho ni una palabra, ya su aspecto dijo mucho de ti.

Imagina que vas al médico y cuando te revisa observas que sus manos están descuidadas, sucias, con las uñas mal cortadas, incluso con rastros de tinta o de nicotina de cigarro. Difícilmente alguien se va a atrever a decírselo, pero eso puede afectar directamente su aceptación, su éxito o fracaso en su vida profesional.

Las manos nos acompañan, nos dan ritmo al hablar, nos ayudan a encontrar la palabra perfecta y darle la intención correcta. Por eso yo siempre aconsejo que usen sus manos al hablar.

La comunicación no verbal es innata, universal y en gran medida se origina en el subconsciente, cuando decimos una mentira es común llevar la mano a la cara, cuando sucede algo terrible nos cubrimos los ojos como tratando de negar una realidad que tal parece que, si no la vemos, esta deja de existir.

Hay personas que tienen el hábito de hablar usando su mano, con el dedo índice acusador, que es común ver en personas que quieren amenazar o decir aquí mando yo. Cuando asesoro a alguien que tiene este mal hábito, le sugiero cambiarlo por la pinza que consiste en juntar el dedo índice y el pulgar; al hablar usando este gesto comunicamos más precisión y amabilidad. Cambia por completo la percepción de las personas cuando ven a alguien con este gesto.

Si vas a señalar en alguna dirección, hazlo con la mano completa, te verás cómo una persona segura de sí misma, más educada y amable. Es increíble cómo un detalle tan sutil hace que cambie sobremanera tu imagen.

Dentro de los nuevos liderazgos, sobre todo de los femeninos, vemos que el estilo de comunicación que se busca es más amable, mostrando las palmas, sin imponer y más bien haciendo una sugerencia. Es una nueva forma de ser poderoso, sin atropellar ni gritar, con autoridad.

Una persona que al hablar es expresiva y usa sus manos, se percibe como alguien entusiasta y comprometido. Por eso decimos que los movimientos de las manos se asocian tanto a la credibilidad.

En una ocasión llegaron tres candidatos a una entrevista de trabajo para un puesto de gerencia. Los tres tenían los estudios y la capacidad, pero en la entrevista fue notorio que el primero tenía las manos en los bolsillos, a veces cuando se entusiasmaba sacaba una de las manos, pero la otra permaneció oculta casi toda la entrevista. El segundo hablaba muy claro, pero como estaba nervioso dejó las manos debajo de la mesa y era notorio cómo el tercero movía las manos. Al final, los dos reclutadores se inclinaron por el tercero. Me decían: "Mira cómo está más comprometido, es más abierto y elocuente". Después les hice ver que no se habían dado cuenta de que el tercero les resultó más convincente porque movía muy bien las manos con transparencia y sincronicidad con sus palabras.

Los movimientos de manos pueden hacer la diferencia en un puesto de liderazgo. Cuando están a la vista hace que las personas perciban a ese líder como más abierto a escuchar, más abierto a compartir y explicar.

Las manos son parte de nuestra marca personal y no hay una única forma correcta de moverlas. Deben fluir con naturalidad, no fingidas ni actuadas. Los movimientos de manos hacen que la gente te ponga más atención y te escuche si los usas bien. Además, el mover las manos te ayuda a recordar y a encontrar la palabra precisa. ¡Inténtalo!

¿Te has dado cuenta de que cuando hablas por teléfono mueves las manos, aunque la otra persona no te esté viendo?

Necesitas las manos para comunicar.

Cuando ves a una persona, ¿cuál es la parte en la que más te fijas? La cara, los pies, los ojos, la ropa, los zapatos. Cuando hago esta pregunta muchos responden que la cara, pero realmente la mayoría de las personas cuando vemos a alguien en lo primero que nos fijamos es en las manos. Es nuestro cerebro primitivo, encargado de que sobrevivamos y necesita saber si esa persona es amigo o enemigo, ¿trae armas?, ¿está cerrando el puño? Por eso es que cuando vemos a alguien que esconde las manos nos genera mucha inseguridad. Si no podemos ver las manos, no podemos saber las intenciones de esa persona.

La autora de varios libros sobre lenguaje corporal, Vanessa Edwards, realizó varios estudios sobre los expositores en la plataforma de TED Talks y encontró los siguientes resultados:

En las pláticas de TED más exitosas y con más vistas los expositores tienen un promedio de 465 gestos con las manos en dieciocho minutos, mientras que las pláticas que menos gustan, sus expositores tienen un promedio de 272 gestos con las manos... Casi la mitad.

Cuando movemos las manos con entusiasmo al hablar estamos diciendo: "Sé perfecto mi tema, me emociona guiarte y me interesa que me entiendas".

A esos gestos que acompañan el discurso se les llama *gestos ilustradores* porque es como ir dibujando la historia que vas contando, haciéndola más atractiva.

Con las manos, además de los gestos ilustradores, tenemos los gestos emblemas y adaptadores.

Los *gestos emblema* son todos aquellos en donde no se necesita el lenguaje verbal para entender. Por ejemplo, un saludo militar, o cuando con los gestos separamos el pulgar y el índice de los demás y con ello ya sabes que están hablando de dinero.

El lenguaje de las emociones es universal, como lo estudió y comprobó Paul Ekman. La expresión de la alegría, la tristeza, el enojo, el asco, el miedo y la sorpresa son iguales en cualquier parte del mundo, por alejada que esté, pero sí hay rasgos en nuestra comunicación que tienen una fuerte carga cultural y, si los sabes utilizar, pueden ser la razón por la que te contraten a ti en lugar de a alguien más.

Los emblemas varían según la cultura y son importantes al viajar, si no sabes el idioma, procura identificar los significados culturales de ciertos gestos, porque su desconocimiento nos puede ocasionar grandes malentendidos. Por ejemplo, en Estados Unidos el levantar el pulgar se asocia al *like*, y es una manera de decir: "Bien hecho, me gusta". Sin embargo, en otros lugares como Grecia, Rusia, Cerdeña y Australia ese mismo gesto es una grosería, algo así como "siéntate en mi dedo".

Le pasó a un norteamericano que, al estar en Australia, iba conduciendo y cometió una falta, cuando lo detiene el policía le iba a poner una multa, y al ver que era extranjero y que ya iba de regreso a su país, lo iba a dejar pasar y disculparlo. El problema vino cuando el turista levantó el pulgar y en lugar de dejarlo ir lo detuvo y le puso una infracción por faltar a la ley de tránsito y otra por agredir al policía.

En general, a ti o a mí nos puede gustar o no el que la persona con la que hablamos tenga las manos en los bolsillos, lo cual causa la impresión de que te están escondiendo algo, o que no te quieren contar la historia completa, pero para algunas culturas además es una grosería terrible. En 2013, durante una visita a Corea del Sur, Bill Gates saludó a la presidenta coreana con la mano derecha mientras ocultaba la izquierda en la bolsa y fue tal el escándalo que tuvo que ofrecer una disculpa pública. Quizá no puedes aprender los idiomas de los lugares que visitas, pero investiga el lenguaje corporal de ese lugar.

También están los *gestos adaptadores*. Nos gusta estar y trabajar con personas seguras, por eso lo menos que quieres es convivir con personas que muestren nerviosismo e inseguridad. Los gestos que debes evitar son los adaptadores o apaciguadores, esos movimientos que hacemos cuando estamos estresados y buscamos tranquilizarnos.

Cuando estamos nerviosos, sin darnos cuenta, hacemos un montón de cosas para autorregularnos, como masajearnos el cuello para controlar ese nerviosismo o acomodarnos ropa y accesorios, pero incomodamos a las personas con las que estamos y además proyectamos inseguridad. En el lenguaje sin palabras del poder es importante controlarnos para mostrar seguridad, aplomo y confianza en nosotros mismos. No te gustaría ver al piloto de un avión con movimientos adaptadores, tampoco al cirujano que te va a operar.

Cuando analizo diferentes debates, una de las primeras cosas en las que me fijo es qué temas hacen que los candidatos tengan las manos relajadas, con los dedos separados y cuáles los estresan, tanto que las manos se tensan y los dedos se juntan. Volvemos al comportamiento de los bebés que te comentaba al principio, lo elemental: están cómodos o incómodos.

Si observas con atención, podrías identificar en una entrevista de trabajo qué temas ponen incómodo al candidato y con cuáles se siente seguro.

Recuerda, las manos son un reflejo de nuestro mundo emocional. Cuando estamos seguros, los dedos ocuparán más espacio, mientras que cuando estamos temerosos, los dedos se repliegan y juntan. Es muy importante que las manos siempre estén a la vista y deja que vayan contando la historia como la vas sintiendo; son tu recurso para captar la atención.

Un gran ejemplo de cómo se deben usar las manos es Barack Obama, un genio de la comunicación, un artista que en sus discursos te lleva a emocionarte hasta donde él quiere. Usa sus manos al hablar, muestra las palmas y su mensaje se va acompañando con sus gestos. Uno de sus gestos emblema es que mientras habla pone las manos en forma de rombo, juntando las yemas de los dedos de ambas manos, pero cuando va llegando al clímax de su mensaje, separa las manos como si explotaran y así va coreografiando su mensaje.

Las manos hablan y a continuación te indico diferentes formas que expresan mensajes:

- **Puño cerrado.** Demuestra fuerza y/o determinación. Siempre habla de intensidad, pero si lo acompañas de un tono de voz alterado, ya es enojo.
- **Rombo.** Es cuando las puntas de los dedos se tocan. Te dan una imagen de que estás centrado. Es el gesto insignia de Angela Merkel, pero hoy en día todos lo copian y, ya que se ve en todas partes, pierde su particularidad. Para usarlo es necesario tener cierta calma porque de otra forma las yemas no se juntan. Usarlo te mantiene centrado, te da calma.
- **Llevar la mano al corazón.** Lo haces cuando hablas de ti mismo, cuando te comprometes de verdad.
- **Palmas abiertas.** Cuando muestras las palmas y tus brazos se mantienen en un ángulo de cuarenta y cinco grados, estás mostrando apertura y honestidad, es decir, "no estoy escondiendo nada".
- **Palmas hacia abajo.** Se usan para imponerse o dar una orden. Es una manera de comunicar autoridad y dominancia. No genera un ambiente positivo, aunque a veces son necesarias.
- **Palmas giradas hacia arriba.** Indican súplica o sugerencia.
- **El dedo índice acusador.** Evita gestos como el de indicar con el dedo índice acusador que asemeja el látigo con el que se golpea a un esclavo. Si lo usas de manera vertical, es de batuta y se entiende como una amenaza o advertencia. De manera horizontal, es una forma de señalar a alguien de manera muy agresiva.
- **Mantener las manos en la caja.** Así como en el béisbol, hay una zona imaginaria a donde el pícher debe lanzar la pelota porque si no puede dar una base por bola. En

comunicación también existe y yo le llamo la *safety box*, la caja de seguridad. Es el área en donde tendrías que mantener tus manos al momento de hablar. Esta área se encuentra entre la cintura y el pecho. Si tus manos salen sobre esta área, distraerán, si las mantienes por debajo, parecerá que no estás convencido de lo que dices.

¿Y en la foto en dónde van las manos?

Cuando nos tomamos una foto para redes sociales, o un perfil profesional, a casi todos nos estorban las manos, no sabemos qué hacer con ellas. Muchos adoptan una postura con brazos cruzados como el gurú o el genio de la lámpara, porque en teoría nos hace ver más fuertes, más grandes y poderosos, pero los brazos cruzados no son la postura ideal, es como decir "yo voy con mis ideas y no estoy dispuesto a escuchar otras". Está bien esa postura para un agente de seguridad.

Cuando las personas se ponen las manos entrelazadas cubriendo el vientre, se está asumiendo la postura conocida como la hoja de Adán, una postura incómoda y de inseguridad en donde la persona se siente tan vulnerable como el futbolista que hace una barrera antes de un tiro directo y se protege.

Entre más arriba se sostenga el brazo con una de las manos se habla de mayor incomodidad.

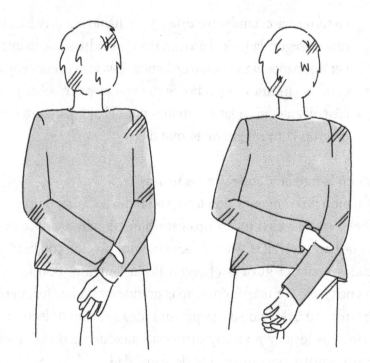

Las manos entrelazadas atrás de la espalda envían una señal de autoridad. Es una forma de decir no escondo nada y no tengo miedo. Pero al igual que cuando es adelante, entre más alto sea el amarre, mayor incomodidad y contención.

Otra manera de detectar a las personas inseguras es que además de moverse mucho, ajustarse la ropa, resoplar y peinarse, ponen barreras. Esto lo hacemos de forma involuntaria, es nuestro sistema límbico tratando de protegernos cuando nos sentimos vulnerables o en peligro. Cuando sentimos que algo no está bien, las manos suben y cubren el abdomen, el pecho o la garganta.

Estas barreras varían desde algo tan sencillo como cruzar los brazos, hasta poner la bolsa o portafolios o hasta la taza de café de por medio.

Las barreras comunican que no estás cómodo y que necesitas de todo eso para atrincherarte. Cuando la mente se siente insegura, el cuerpo se protege.

Si te das cuenta de que solo son tus nervios, evita estar de brazos cruzados, porque, aunque a veces es cómodo, con esa postura se crea una barrera que no facilita la comunicación. Es bien sabido que en los entrenamientos de futbol muchos entrenadores les prohíben a sus jugadores adoptar posturas de brazos cruzados porque no ayuda a entender las indicaciones y a adoptar una buena actitud de equipo.

El nivel de estrés lo podemos medir en función de qué tanta tensión hay entre los brazos cuando están cruzados. Si en una fiesta ves que alguien pone su vaso justo en esta forma de escudo o barrera, revisa la tensión en los dedos que sostienen el vaso, ahí hay información, si lo sostiene de una forma tensa, ahí hay estrés o ansiedad. "No puedes estrechar la mano con un puño apretado", indica a ese respecto Indira Gandhi.

Capítulo 7

Conectar contigo para conectar con otros: proxémica, los pies y el coqueteo

La mayoría de nosotros decidimos en los primeros
tres minutos de conocer a alguien si existe
potencial o no para una relación.

HELEN FISHER

¿Cerca o demasiado cerca?

¿Te has sentido incómodo porque alguien está demasiado cerca? ¿Te ha pasado que en alguna ocasión hubieras querido estar más cerca de alguien y perdiste la oportunidad? La distancia que mantenemos con los demás también comunica algo. Nosotros decidimos cuándo y con quién queremos compartir el espacio personal, que es como una burbuja imaginaria que nos rodea y es totalmente nuestra, por lo que varía su tamaño según el lugar, ya que el manejo de la distancia entre las personas tiene una fuerte connotación cultural. Hay países en donde las personas suelen guardar más distancia entre sí, como Estados Unidos, mientras que los latinos podemos estar cómodos, aunque estemos muy cerca de un desconocido.

Como lo mencioné en mi libro anterior, en la década de los sesenta el antropólogo estadounidense Edward T. Hall explicó las bases de esta necesidad del animal y del ser humano de establecer su espacio individual y el espacio social. A este estudio le dio el nombre de proxémica.

Gracias a sus investigaciones y observaciones, Hall dedujo que la distancia social que existía entre las personas tenía una relación directa con el vínculo que tenían las personas entre sí. De ahí, identificó y estableció cuatro tipos de distancias: espacio íntimo (15-46 centímetros), espacio personal (46-120 centímetros), espacio social (1.20-3.60 metros), espacio público (más de 3.60 metros).

Las regiones cerebrales como la amígdala, que registra amenazas, se activan automáticamente cuando alguien cruza o rebasa un límite que no le corresponde.

No siempre podemos controlar este manejo de las distancias personales, por eso cuando entramos a un elevador, y nos vemos forzados a estar más cerca de lo que quisiéramos con algunos desconocidos, tratamos de poner distancia visual, miramos el techo, el piso o el celular. Todo depende del contexto.

En su campaña política, Joe Biden tuvo varios reclamos en los que se le acusaba de acercarse demasiado a personas que no conocía, y hay videos en donde se ve cómo en su candidatura presidencial se acercó mucho a las personas, confundiendo el mostrarse amistoso y cercano con el ser intrusivo. Esto incomodó a varias mujeres y niñas en particular, al grado de que incluso tuvo que hacer una declaración en plena campaña para justificar ese comportamiento. El comunicado decía: "Las normas sociales han comenzado a cambiar, se han transformado y se han establecido nuevos límites a las fronteras del espacio personal, y así lo entiendo". Finalmente, lo dejó de hacer, ya que tuvo efecto la queja de los que se sintieron incómodos y de los que percibieron esa falta en las imágenes.

El espacio personal es algo tan nuestro que debemos ser cuidadosos de no entrometernos o ser incómodos porque ese gesto no verbal puede ser determinante en que te contraten, te elijan o te rechacen por intrusivo (o abusivo).

Tú mismo lo puedes observar en cualquier foto en qué posición se coloca cada quien, quién se inclina para acercarse, quién trata de poner barreras para separarse. Eso también habla de quién tiene el poder, quién es el más influyente y de quién se quiere deslindar.

Ahora que ya estás más consciente del lenguaje no verbal, revisa tus fotos de la última reunión de Navidad, del trabajo o de la familia, ¡verás que todo está tan claro! Quiénes se llevan bien, quiénes se evitan. Es muy sencillo, nos acercamos a las personas con las que sentimos agrado, cercanía, vínculo y tratamos de poner distancia de por medio con aquellas con las que sentimos amenaza, rechazo o tensión.

El poder es muy parecido a los bienes raíces. Se trata de ubicación, ubicación, ubicación. Cuanto más cerca esté de la fuente, mayor será el valor de su propiedad.
FRANK UNDERWOOD, en *House of Cards*

La forma en la que alguien sitúa sus piernas puede darte algunas de las pistas más valiosas sobre la comunicación no verbal, ya que te estará señalando hacia dónde quiere ir realmente.

¿A que no te imaginas cuál es la parte más honesta de tu cuerpo? Pues son los pies. Al estar más alejados del sistema nervioso central (el cerebro), nuestra mente racional tiene menos control sobre ellos y les permite expresar sentimientos internos con mayor libertad, así que son los más difíciles de controlar cuando queremos ocultar una emoción.

> *Pies, para qué los quiero, si tengo alas para volar.*
> FRIDA KAHLO

Los pies nos salvan, nos acercan a lo que queremos, nos alejan de lo que no deseamos, por ejemplo, de un peligro o de un depredador. Con los pies ajustamos las distancias que queremos guardar con los demás.

El lenguaje no verbal exterioriza lo que sentimos, y en los pies es fácil de leer. Cuando alguien nos interesa nos ponemos frente a él o ella y las puntas de nuestros pies se dirigen a esa persona.

A los agentes del FBI se les entrena para que sepan identificar quién es líder de un grupo, lo primero es observar a dónde se dirigen las puntas de los pies de la mayoría.

También tú puedes detectar quién es el líder del grupo, o a quien los demás siguen y escuchan: si te fijas bien puedes ver hacia dónde se dirige la mayoría de las puntas de los pies. El pie más avanzado casi siempre apunta hacia donde querrías ir. En una situación social con varias personas también apunta hacia la persona que consideras más interesante o atractiva.

Cuando ya nos queremos ir, la punta de los pies de forma inconsciente se dirige a la salida, así de honesto es nuestro sistema límbico. Por otro lado, para mostrarle tu atención a alguien revisa que tus pies estén orientados hacia tu interlocutor.

En una situación social, que haya una persona sentada con brazos y piernas cruzados probablemente signifique que se ha retirado de la conversación. De hecho, los investigadores Allan y Barbara Pease, que en algún tiempo fueron los que entrenaron a Vladímir Putin a adoptar posturas de poder, realizaron un experimento que demostró que las personas recordaban menos detalles de una conferencia si la escuchaban con los brazos y piernas cruzados.

La manera como nos sentamos también comunica

Antes que nada, por salud es importante cuidar la postura. ¿Te has puesto a pensar cuánto tiempo del día pasas sentado? Cuando estamos bien sentados respiramos mejor y nuestra voz mejora. La postura mejora cuando nos sentamos hasta atrás de la silla para que la espalda use el respaldo y que los pies queden bien plantados en el piso. Además, esto logra un cambio en nuestra mentalidad: vemos las cosas de manera más positiva..

En mi libro *Lenguaje sin palabras* explico el truco de las tres A para mejorar la postura: los hombros se deben de colocar arriba, abajo y atrás.

Con esto se alarga el cuello y todo el cuerpo se recoloca.

Mientras trabajamos es importante revisar la altura a la que nos queda la computadora para que la postura sea recta e ideal, porque hay una tendencia con toda la tecnología como computadoras, iPads y celulares, a bajar la cabeza, y ya se ven en muchas personas posturas que después son muy difíciles de corregir. Que tu tono muscular te mantenga derecho o cuando seas mayor te vas a arrepentir.

Cómo nos sentamos

Generalmente los hombres se sientan con las piernas más separadas y no hay ninguna explicación biológica para necesitar ese espacio. En varios lugares del mundo se han hecho campañas contra el *manspreading*, que es cuando los hombres separan tanto las piernas que ocupan mucho espacio, dejando a las mujeres menos lugar para sentarse.

Estar sentado y recargado habla de que estás relajado. Si tienes la espalda separada del respaldo, significa que pones atención.

Si al estar negociando algo de pronto tu interlocutor cruza las piernas o los tobillos, lo que se conoce como "candado de tobillos", lo que está demostrando es que se está resistiendo y algo de lo que escuchó le incomodó, por lo que, si detectas este cambio, puedes cambiar tu oferta antes de que te dé un "no" definitivo.

Algunas posturas en las sillas son:

1. Ocupar mucho espacio, mostrando territorialidad es una postura relajada y de poder, pero también puede ser

una forma de arrogancia y de retar a la autoridad. Te puedes sentar así en tu casa, pero no en una junta de trabajo ni cuando eres invitado.

2. Las personas se inclinan entre sí para acercarse cuando hay comodidad y confianza. Es una forma de mostrar interés y se genera un *rapport* por las neuronas espejo.

3. Cuando una de las personas se aleja o se inclina hacia atrás es porque no está de acuerdo con lo que está diciendo el otro y se desmarca.

4. El pie cruzado que de pronto empieza a mecerse y patear es un indicador de estrés. Ojo, lo que vemos al analizar el lenguaje no verbal son los cambios. Si una persona siempre mueve su pierna, tiene el síndrome de la pierna inquieta y no indica nada en particular, a menos que esté quieto y de pronto ante un tema cambie y empiece el movimiento.

5. Cuando cruzamos las piernas tenemos que ver que el pie que está en el piso esté bien plantado y la punta dirigida a nuestro interlocutor, eso muestra interés y atención.

6. Cruzar un pie sobre la rodilla se conoce como "figura 4", más común en los hombres, y dependiendo del contexto del encuentro, y como se encuentre el resto del cuerpo, lo que expresas es que tienes confianza y dominas la situación. Pero también esa posición muestra una barrera que adoptan las personas cuando se sienten vulnerables, y tendremos que observar todo el conjunto para dar una valoración, su cara, sus manos, etcétera.

Recuerda, lo importante es no solo que lo leas en otros, sino que también lo percibas en tu propio cuerpo para tener el mayor dominio sobre tu imagen y así explotar el poder del lenguaje sin palabras.

Capítulo 8

Detrás de la pantalla: la comunicación digital

Ahora que hemos hablado sobre el lenguaje sin palabras cuando nos sentamos, es importante que nos tomemos un momento para abundar en aquel entorno en el que nos desenvolvemos diariamente desde nuestra silla y en el que, en este siglo, se llevan a cabo la mayoría de los negocios: el entorno digital. Pese a que pensemos que la comunicación digital poco puede relacionarse con todo lo que hemos hablado hasta ahora, en realidad está cargada de códigos del lenguaje sin palabras.

Recuerdo perfectamente ese jueves en la noche. Según yo, estaba todo preparado, ya que ese día iniciaba un curso de lenguaje no verbal para un grupo virtual de la Universidad Anáhuac. A mí me tocaba impartir el módulo de "Relaciones Sanas y Vínculos Positivos" donde, entre otras cosas, debía exponer sobre cómo tener una buena actitud.

Esa semana, mi hija Alejandra, la diseñadora que ilustra este libro y el de *Lenguaje sin palabras*, me dijo que ella podía mejorar la calidad de mi presentación y lo hizo increíble con imágenes que aparecían en pantalla y se movían, pero "su obra maestra" me la dejó en el *drive*.

Así llegaron las 7:00 p. m., llovía muy fuerte, encendí la iluminación y atendí al Zoom puntualmente. En cuanto vi cómo se empezaron a agregar los alumnos, me presenté, los saludé y en eso llegó un relámpago que iluminó la sala. Después de un estruendo brinqué hasta el techo. Claro que se fue la luz, el internet y mi presentación desapareció.

Respiré profundo, me dije: "¡Calma! Solo hay que volver a conectarnos". Y cuando lo volvimos a lograr después de 15 minutos, no encontraba mi presentación. ¡AUXILIO!

Por un lado, atendía a los alumnos y, por el otro, le llamaba a mi hija para pedirle ayuda. Nunca encontré la presentación innovadora de mi hija, pero encontré la versión "casera" anterior, la mía. Entonces dije: "¡Arrancamos!".

Al final todo fluyó y cerramos la sesión hablando de que uno de los grandes aprendizajes de la clase era la resiliencia, tema que no venía en el menú. Pero, a pesar del estrés y los inconvenientes, logramos sacar lo mejor de las adversidades. Por supuesto, esta situación me tomó por sorpresa, cometí todos los errores porque no estaba preparada para este mundo virtual; me faltaba mirar a la cámara, organizar a los participantes para hablar y dar tiempo suficiente para el trabajo en equipo, que después aprendimos a resolver. Llegamos a una situación para la que muchos no estábamos preparados y tuvimos que aprender rápidamente, sobre la marcha.

Al principio no entendía por qué acababa tan cansada de las reuniones virtuales, pero después entendí que es la mirada la que nos agota. Nuestra mente está cableada para que active el cerebro reptiliano con una mirada directa por más de siete segundos, con ello se dan respuestas automáticas (*fight, flight, freeze*).

Cuando interactuamos en una oficina de manera presencial nos miramos, pero nunca de forma tan directa como lo hacemos en la computadora, eso cansa y, por ello, cuando terminamos decimos adiós, sonreímos y luego soplamos como cuando llegamos devastados al cruzar la meta.

Este mundo digital se mueve distinto y tiene nuevas reglas que vale la pena tomar en cuenta.

Con la pandemia, la manera de enseñar, de aprender, de trabajar y de relacionarnos dio un vuelco. Durante ese tiempo nos adaptamos y hubo pérdidas como la cercanía, el saludo, el olor y el vernos cara a cara, pero también hubo ganancias: no perdíamos tiempo en transportarnos y también podíamos ser más productivos en nuestros espacios. De las cosas que más valoro y agradezco está el haber tenido la posibilidad de estudiar una maestría de Psicología Política, que antes solo impartían de manera presencial en España, y debido a la pandemia llegó a su formato virtual.

Cierto es que ya volvimos al trabajo y al estudio presencial, pero ahora queremos seguir aprovechando las ventajas digitales sin deshumanizarnos, sin que nos cueste tanto mirar a la cámara, sin acabar tan desgastados. Queremos mostrar confianza y cercanía, pero ¿cómo podemos enriquecer la experiencia?, ¿cómo le hacemos para acercarnos, aunque estemos lejos?

¿Te has puesto a pensar cuánto de tu trabajo se realiza de manera digital? Mensajes de texto, correos, reuniones virtuales... Algunos calculan que sus relaciones de trabajo son hasta 90 por ciento de forma digital. ¿Qué podemos hacer para que también ahí demos nuestra mejor versión? ¿Cuáles son las nuevas reglas de etiqueta en las conversaciones digitales?

Con las pantallas perdemos el contacto físico y debemos ser más consciente de nuestro lenguaje no verbal, así como cuidar los detalles que pueden mejorar nuestra experiencia.

A veces sucede que en reuniones virtuales contestamos algún mensaje en el celular, o nos perdemos de lo que está pasando. Cerramos juntas antes de tiempo, no ponemos atención en las expresiones faciales de quienes nos rodean, etcétera... Estamos tan distraídos que perdemos las señales más elementales, como los cambios de postura cuando las personas se acercan a la computadora porque se interesan en lo que están escuchando, o cuando se cruzan de brazos en señal de protección o rechazo al mencionarles que tendrán que asistir a un evento el sábado.

Si sabemos que más de 80 por ciento de la comunicación es no verbal, es decir, el tono de voz, el contacto visual, la postura, el movimiento de las manos, la apariencia, etcétera, ¿cómo podemos cuidar que nuestra comunicación digital sea congruente con lo que decimos, somos y hacemos?

Con el correo electrónico ocurre lo mismo que con el resto de las relaciones humanas, la primera impresión es la que queda y también nos deja una huella. Por eso es importante el uso de un lenguaje correcto, no cometer faltas de ortografía ni de gramática y buscar ser coherentes, incluso hasta el tipo de letra que eliges habla y aporta credibilidad o genera dudas de ti y de tu mensaje.

Si, como hemos dicho anteriormente, en segundos determinamos si podemos establecer una relación con alguien, ya sea personal o de trabajo, deberíamos poner más atención en esa ocasión que tenemos para dejar una buena impresión. Puede ser que se te vaya entre las manos la oportunidad de tu vida solo por cometer algún error, como me contaba Tamara Trottner, autora del *best seller Nadie nos vio partir*. Su novela ha tenido tanto éxito que ahora se convertirá en una serie de televisión.

Verás, Tamara ya había conversado con una compañía productora y estaba por firmar el contrato. Cuando su editora le dijo que había otra casa productora muy interesada en hacer la serie, insistió en que les diera una oportunidad. Tamara se sintió obligada a escuchar la otra opción por solidaridad con su editora y agendaron una cita virtual.

Llega el día de la videoconferencia y ella se baña temprano, se peina, se pone unos aretes bonitos para esta importante reunión y... ¡Sorpresa! La directora de la casa productora nunca prende la cámara.

Tamara me contaba:

—Es que yo esperaba en cualquier momento una disculpa tipo: ¡Qué pena! No puedo encender la cámara porque traigo un ojo hinchado o disculpa que no prenda la cámara, pero mi secadora de pelo no jala. Yo hubiera hecho un esfuerzo por entender cualquier excusa y dejarlo pasar, pero el hecho de no encender la cámara durante la reunión me dejó un pésimo sabor de boca.

Al terminar el Zoom, la decisión estaba tomada, la serie la haría la productora original. ¿Por qué? Porque la directora de la segunda no le hizo sentir lo importante que era su obra al ni siquiera prender la cámara. Así, por una omisión en el protocolo de una reunión digital se pueden perder clientes, negocios importantes y hasta la oportunidad de hacer una película.

La comunicación digital es como el trabajo de un sastre, no hay solo una forma de comunicación correcta, sino que, dependiendo del contexto, hay que medir, trazar, cortar, zurcir y, una vez determinada la muestra, hay que seguir probando cómo mejorarla.

La formalidad ha cambiado en el trabajo, desde la ropa hasta las formas, pero la educación te da poder.

Siempre debemos tener en consideración las diferencias culturales, pues así como el espacio personal es distinto en cada país, algunas costumbres como la puntualidad son muy importantes para ciertas culturas, mientras que, en otras, la regla es llegar cinco minutos después de la cita. También debemos tener en cuenta que para algunas culturas asiáticas el contacto visual se considera de muy mala educación, es una intromisión y ellos prefieren apagar la cámara por respeto.

Para muchos, la ganancia en las videollamadas es la puntualidad. En México, por ejemplo, vimos cambios de tolerancia para iniciar una reunión; parece que tenemos los minutos contados.

Me decía mi amiga Violeta, quien es maestra de psicología de la Universidad Anáhuac de Querétaro, que antes le sorprendía que cuando llegaba de manera presencial a su clase saludaba, se sentaba y todavía tenía unos minutos extra para ponerse al día. Ahora, si no se conectaba justo a la hora exacta, en el chat paralelo preguntaban con ansiedad: "¿Qué pasa? ¿Sí va a haber clase? ¿Avisó Violeta que no venía?".

Definitivamente las reglas pueden variar, pero hay dos cosas que nunca van a cambiar y, si las aplicas bien, la gente te va a elegir siempre. Una es el respeto y la otra es saber escuchar; ambas las podemos mantener en la comunicación digital. Se dice fácil, todos podemos decir "yo escucho", pero hay que hacerlo de forma consciente y deliberada, ya que es lo que permite que los demás se sientan valorados, incluidos y reconocidos.

¿Y cómo hacemos eso? Hay ciertos detalles a considerar para que cuides tu huella de comportamiento en el aspecto digital y para que muestres una buena etiqueta con tus interlocutores digitales:

1. Revisa bien tu correo electrónico antes de mandarlo. Puedes revisar que se adjunte la información adecuada y también que el contenido esté debidamente redactado.
2. Cuida los tiempos y compromisos de las demás personas. Evita cancelar reuniones de último momento, evita tardar en responder un correo de tal forma que las personas te tengan que estar buscando por otro medio y, cuando estés del lado del remitente, procura no sobresaturar con mensajes a la otra persona y respetar las indicaciones sobre cuándo serás contactado o cuándo están disponibles.
3. Evita escabullirte con el *mute* mientras estás en una reunión para seguir haciendo otras cosas. Dale tu atención a la persona con la que te estás reuniendo.
4. En correos, descripciones de junta e invitaciones a reunirte, deja claro cuál es el tema, el propósito de la reunión, el tiempo que se llevarán y, de ameritarse, el material que el otro debería preparar con antelación.
5. Escribe correctamente el nombre de aquella persona a la que te diriges.

Escucha activa

Una de las habilidades más importantes en el mundo laboral y también en el personal es saber escuchar. Siempre preferimos al amigo, al empleado, al doctor que mejor te atiende y te escucha.

Cuando realmente ponemos toda nuestra atención, le llamamos escucha activa, la cual implica hacer un esfuerzo extra por tratar de comprender la totalidad del mensaje. Es primordial escuchar con todos nuestros sentidos, ya que no solo se involucra el oído, sino también la vista, pues queremos captar la emoción y el mensaje completo.

La escucha activa es una actitud, pero también una técnica. Es mostrar a nuestro interlocutor que existe la mejor disposición para escuchar y entender lo que está diciendo. No solo se trata de observar lo que dice, sino cómo lo dice; implica poner atención en qué pone acento, en las pausas, en sus expresiones faciales, lenguaje corporal y tono de voz que emplea para enfatizar lo que dice.

Hay tres pasos en la escucha activa:

1. **Recepción:** se perciben los gestos corporales y se procesa la información. Aquí es importante callar nuestra mente, no tratar de meter nuestra percepción ni nuestra experiencia, solo dejar que nos cuente la del emisor, pero sin hacer juicios.
2. **Interpretación:** este paso implica separar el contenido de la información emocional para poder analizarlo.
3. **Retroalimentación:** comprobamos con el emisor del mensaje si lo que escuchamos, interpretamos y entendimos

fue lo que esa persona trató de decir. Por esta razón, en ocasiones se parafrasea una oración o se enuncian palabras afirmativas como "entiendo", "claro", "sí".

La escucha activa es una habilidad que podemos desarrollar, está estrechamente relacionada con la empatía y la inteligencia emocional. ¿Cómo podemos practicar esta escucha activa de manera digital?

- Leer con cuidado equivale a una parte importante de la escucha activa. Te sugiero dar retroalimentación de la siguiente manera:
  - He recibido tu correo.
  - Estamos trabajando en ello.
  - Espero atenta.
- Si estás frente a frente a través de la pantalla, recuerda mantener contacto visual y asentir con la cabeza para mostrarle al otro que escuchas. Si se diera el caso de que no estuvieran las cámaras encendidas, podrías emitir un ocasional "claro", "te escucho" o "entiendo" en un tono seguro pero suave que le haga saber al otro que sigues escuchándolo sin distracciones.

La escucha activa es una manera de decir: "Te aprecio y te valoro". "Es muy importante para mí lo que estás diciendo". Es tener presente y entender las necesidades de los demás, sin prisa. Escuchar activamente desarrolla una empatía digital, que es, entre una habilidad y una actitud, con la que se genera confianza, y si la gente te tiene confianza, tienes un gran poder.

Escoge el medio adecuado

Para elegir el canal de comunicación óptimo existen cuatro aspectos que hay que considerar:

- Longitud: hay personas a las que les cuesta trabajo ser breves. Según la longitud escogerás el canal. Si vas a tener que hacer un correo muy largo, en donde la gente se pueda perder, es mejor hacer una llamada telefónica o una videollamada que pueda reducir el número de correos que quieras enviar.
- Complejidad: si es difícil el tema y puedes acabar confundiendo a las personas, es mejor ir aclarando dudas antes de que se acumulen. Las ilustraciones facilitan la comprensión si agregan valor al contenido, si no, solo distraen.
- Educación: no lo mandes en viernes por la tarde; cierra el correo con una invitación para tomar una llamada o para programar una reunión con la finalidad de resolver detalles. Tener acceso a números de teléfono personales rompe las barreras que impiden que todo sea más rápido en días laborales, pero piensa que llamar puede ser abusivo si lo haces fuera del horario laboral.
- Familiaridad: si es un asunto de trabajo es mejor mandar un correo que un mensaje de WhatsApp, porque los correos generalmente los vemos en la computadora y ahí es más fácil archivar o desmenuzar el mensaje.

En las asesorías, mi punto de partida es mostrar siempre el ABC de la comunicación, este es nuestro poder: **seguridad, seriedad y cercanía.**

Pero ¿cómo llevamos estas tres cualidades al ámbito digital? Te explico en qué consiste cada una.

A. La **seguridad** es mostrar que tú sabes hacerlo, que tienes la experiencia y la habilidad para realizar tu trabajo.

- Muestra seguridad y evita pedir perdón por todo con frases como "una disculpa", "espero no molestar", "perdón por preguntar"; en su lugar usa un lenguaje como "gracias por entender", "valoro que me hayas dedicado tiempo", "aprecio que hayas resuelto mis dudas.
- Elimina las imprecisiones como "probablemente", "tal vez", "yo supongo", "no estoy seguro".
- Cuidado con la excesiva sumisión: "si usted me lo permite", "lo haré como ordene".

B. La **seriedad** se refiere a la madurez y/o profesionalismo con el que se tratan ciertos temas. Como decíamos en cuanto al "trabajo del sastre", las formas se han relajado, desde la ropa, pero la educación da poder.

- Toma en cuenta quién es tu receptor o su puesto.
- Cuida los tiempos y compromisos.
- Tú eres quien "lanza el balón", cuida la comunicación y dale seguimiento.

- Si no te contestan en 24 horas, refuerza el mensaje 12 horas después en caso de ser urgente. Ten clara la verdadera importancia de cada situación o la saturación que podría llegar a tener en su bandeja una u otra persona.
- Recuerda siempre respetar el horario laboral.
- En la era digital de la inmediatez, las reglas para saludar en mensajes de texto cambian dependiendo de la relación entre el emisor y el receptor; para muchos es apropiado saludar de esta forma: "¡Hola, Bárbara!". Otra manera más formal será "¡Buenos días, licenciada!".
- Si el receptor es mayor que el emisor, por respeto se incluye el apellido.
- Si el rango es más alto que el tuyo, incluye el puesto: licenciado, maestro, doctor, etcétera.

C. La **cercanía** es la manera de mostrar a tu cliente que estás de su lado, que eres de su equipo, no solo se trata de tener buenas formas, sino de construir una relación. Pero ¿cómo construimos empatía en la era digital?

Cuando el medio de comunicación nos impide mostrar una sonrisa o dar un saludo de manos, ¿cómo podemos compensar digitalmente este tipo de lenguaje no verbal?

Sonreír tiene un efecto emocional contagioso, así que podemos compensarlo por escrito con el uso de signos de exclamación y, por supuesto, mostrando nuestro interés. También es importante leer los correos a tiempo y dedicarles atención.

Lo más valioso que puedes regalarle a alguien es tu atención plena y completa. A continuación, te presento algunas frases de etiqueta que ayudarán a que la otra persona se sienta valorada:

- Con el gusto de saludarte.
- Que tenga un buen día.
- Le deseo un buen fin de semana.

Me acuerdo de la vez que le pegaron a mi coche y tuve que llamar al seguro. El agente se portó muy bien conmigo y me ayudó a resolver el problema, pero además tuvo el detalle de concluir su intervención de la siguiente forma: "¡Espero que el resto del día mejore!". Me encantó sentir esa empatía.

También es importante nunca perder tu autenticidad, porque si eres un encanto en mensajes de texto y en persona ni siquiera sonríes, no eres congruente.

Aquí te dejo algunos *tips* para mejorar tu comunicación digital:

- No apagues la cámara salvo que lo amerite. Como decíamos, en algunas culturas esto puede ser considerado una falta de respeto o una intromisión, pero en general siempre es mejor saber con quién hablas y qué hace mientras tú le hablas.
- Evita tener tu micrófono en *mute* para voltearte y atender otros asuntos. Esto es importante sobre todo en llamadas de pocos participantes, en salas en las que hay un presentador y muchos asistentes tener el micrófono abierto podría generar ecos molestos que interrumpan al orador.

- Pon atención a tu foto de perfil en las distintas aplicaciones, redes y plataformas, Busca una imagen profesional, que no esté pixelada, que tenga buena calidad. Que solo aparezcas tú y no tu novia o tu perro, etcétera.
- Cuida tu apariencia. No solo por cómo te ven, también influye en cómo te sientes. Durante la pandemia algunos decían que no se podían concentrar o que estaban cero creativos, pues resulta que también la ropa nos pone de cierto modo. Si te vistes con pants o pijama, tu mente estará en modo descanso y tu creatividad puede pagar el precio. Si usas maquillaje, cuida que este se vea bien en cámara.

  Nunca se me va a olvidar que mi papá dejó de trabajar en una constructora cuando tenía 56 años; él no estaba preparado para el retiro, pero la economía del país los había obligado a cerrar. Al día siguiente todos estábamos a la expectativa de qué haría mi papá y, para nuestra sorpresa, apareció a las 7:30 a. m. como siempre: bañado, perfumado, con su camisa y corbata. Se sentó en su escritorio y se puso a trabajar. La ropa nos puede ayudar.

- Recuerda la importancia de la puesta en escena o el entorno. Es primordial que el lugar esté limpio, iluminado y ordenado; eso también nos ayuda a pensar con claridad. Si puedes agregar dentro de tu "escenografía" una planta, te aseguro que creará un mejor ambiente. Es buena idea que no se vean botellas de alcohol detrás.
- Es importante hacer contacto visual con la cámara, ponerla a la altura correcta para no mirar hacia arriba o hacia abajo. Trata de generar *rapport* asintiendo cuando escuchas. Evita mirarte a ti mismo, es demandante y agotador; esto

se llama "fatiga de Zoom" y es perceptible por quien ve tu transmisión.

- Evita comer y beber mientras estás en una videollamada; así como se detecta si la persona está sonriendo, también es muy desagradable detectar que está comiendo.
- Como veíamos anteriormente, los movimientos de manos se asocian a la credibilidad, por eso es importante que no las pongas directamente a la vista; porque, de hecho, en la cámara de la computadora se ven enormes. Procura mover tus manos con naturalidad, eso te dará ritmo y además te ayudará a elegir las mejores palabras. Te aseguro que las otras personas te percibirán como alguien creíble.
- Escribe tu nombre correctamente bajo tu imagen.
- Cuidado con exagerar en los filtros de las fotografías, sobre todo si te hacen irreconocible.

Además de estos *tips*, te sugiero tener cuidado en estos tres aspectos para evitar cometer errores:

El *timing*
- Las conversaciones digitales son atemporales.
- Como destinatario, cuida que quien te contactó no se pueda sentir ignorado. Como remitente, ten claro que quizá tu mensaje no sea el más urgente o que tu destinatario pueda tener ciertas ocupaciones.
- La etiqueta establece que 24 horas para responder un correo es correcto, para un WhatsApp se espera que sea menos tiempo.
- No envíes un correo de trabajo el viernes en la noche.

El tormento del silencio

Cuando no hay información completa, el cerebro la imagina y la recrea toda; generalmente uno se imagina lo peor, como cuando te dicen: "¿Podemos hablar?". Lo común es pensar de manera negativa durante el lapso que transcurre cuando quieres responder.

De hecho, me acaba de pasar; soy consejera para un grupo de escuelas y me pidieron que hiciera una propuesta de mejora en la cual trabajé con una compañera durante tres semanas. Cuando la terminamos, la enviamos y el receptor nos informó que ya la tenía en su poder. Cuatro días después recibí un mensaje de WhatsApp que me decía: "Bárbara y Talina, ¿podemos hablar el martes a las 4:00 p. m.?".

Mi cabeza voló y se imaginó todos los escenarios. Claro que muchos no eran positivos. Pasó el tiempo y Talina me llamó: "Oye, ¿por qué tan serios y tan cortos?, ¿nos irán a despedir?". Todavía, Talina agregó: "Mejor, yo renuncio antes de que eso pase". Afortunadamente se calmó y después supimos que el mensaje solo era para felicitarnos, pues les habían encantado las propuestas y mencionaron que las iban a implementar.

La fobia al teléfono

Es fundamental mandar un mensaje antes de llamar. Pensemos en cómo hemos evolucionado. Antes había un teléfono en el domicilio que se compartía con toda la familia, había ciertos códigos de uso para no emplearlo demasiado, porque bloqueabas a todos los demás si esperaban alguna llamada. Tampoco era correcto llamar a deshoras, pues era una falta de respeto a toda la familia.

Hoy en día, hay una generación que está acostumbrada a tener el control de cómo y cuándo contestar. Los teléfonos nos acompañan todo el día y nos sentimos vulnerables, invadidos en nuestro espacio. Debemos respetar los tiempos de cada quien. Aquí hay una tendencia generacional: en general vemos que muchos jóvenes prefieren más los mensajes de texto que las llamadas; pero los mayores, cuando estamos haciendo un trabajo y queremos la información completa, preferimos las llamadas por teléfono.

Elige el medio

¿Qué será mejor? ¿Una junta, un correo electrónico o un mensaje de WhatsApp?

Lo primero que debemos considerar en la comunicación digital es la elección del medio correcto para enviar un mensaje y, para ello, detenerse a pensar es importante. Me acuerdo mucho de una amiga de la universidad que se llama Pola, ella es brillante y tenía una cualidad: cuando le preguntaban algo, siempre me llamaba la atención que ella se paraba y se detenía unos segundos para estructurar bien su respuesta.

Creo que eso es un gran comienzo. Antes de arrancarnos a contestar un correo o un mensaje de texto: detente, cálmate, analiza.

Ya con esa pausa, tus mensajes serán mejores. Siempre debes de considerar qué tan cómodo te sentirías si la persona que recibe tu mensaje o correo lo muestra a alguien más.

1. **Junta**
   * Establece quiénes asistirán, cuánto dura y para qué es.
   * Reduce el tiempo de las juntas.

- Establece objetivos; que todos los participantes puedan responder claramente por qué están en esa junta.
- Empieza y acaba las juntas puntualmente.
- Define una agenda con tiempos para dar seguimiento después de la junta.
- No canceles de último momento.
- El líder debe tomarse 10 minutos para ser claro y explicar las metas; eso ayuda.

2. Correo

Si lo que deseas comunicar se refiere a un asunto de trabajo es mejor emplear un e-mail, así podemos guardarlo y desmenuzarlo en la computadora. Recuerda: detente, cálmate, analiza. Prueba con preguntarte esto antes de escribir:

- ¿Quién debe estar incluido en esta conversación?
- ¿Qué quiero que el receptor haga después de ver mi correo?
- ¿Qué información adicional se necesita?
- ¿Cuál es el tono apropiado?
- ¿Cuál será el mejor momento de enviar esta información?
- ¿Qué pasaría si este correo que redacté fuera reenviado y lo leyera alguien más?

Si un correo lleva tres idas y vueltas, requiere otro canal.

3. WhatsApp o mensaje de texto

- Si te mandan un mensaje fuera de horario laboral, puedes poner: "Recibido, respondo el lunes". Si tú mandaste el mensaje, toma en cuenta que quienes tengan diferentes números o equipos celulares quizá no carguen con el celular del trabajo todo el tiempo.

- Cuidado con lo que escribes, piensa qué pasaría si alguien le toma una foto y lo comparte.
- Procura establecer las reglas de los grupos, es decir, qué se comparte y qué no.

¿Cómo mostrar ciertas cosas en la era digital?

- **Para mostrar confianza** en el lenguaje no verbal puedes mostrar las palmas, no tener barreras, no cruzar piernas, ni brazos, sonreír y asentir. En el entorno digital puedes usar lenguaje directo, con líneas claras y con frases corteses como "Escríbeme si tienes cualquier duda; espero que esto ayude".
- **Para mostrar compromiso/interés** en el lenguaje no verbal, inclínate hacia la persona que habla, no cruces brazos ni piernas, sonríe, asiente, haz contacto visual. En el entorno digital, dales prioridad a las respuestas rápidas, manda mensajes y correos respondiendo claramente a cualquier duda que haya surgido en los correos anteriores con un mensaje de confirmación: "Recibido", "Lo tengo".
- **Para mostrar entusiasmo** en el lenguaje no verbal, habla rápido, en tono alto, eleva tu voz, exprésate corporalmente abriendo ampliamente los brazos, brinca,

aplaude. En el entorno digital, usa signos de exclamación, puntos, letras mayúsculas. Responde rápido, usa *emojis* felices, *thumbs up*.

- **Para mostrar urgencia** en el lenguaje no verbal, levanta el tono de tu voz, habla rápido, señala con la mano completa para dar una orden. En el entorno digital, usa puras mayúsculas, usa signos de exclamación, sáltate los saludos, usa despedidas formales.

Ojo, cada cabeza es un mundo, así que más vale tener precaución. A veces las personas están teniendo un mal día y te pueden mal interpretar. Ante comunicaciones ambiguas es importante aclarar: ¿qué necesitas de mí y para cuándo lo necesitas? Recuerda, siempre es mejor preguntar.

A veces hay una desconexión entre tu intención y cómo la van a interpretar. También hay un fenómeno de desinhibición digital, esto ocurre cuando bajamos la guardia, dejamos pasar las formalidades y nos expresamos en línea con una franqueza incorrecta. Recuerda que la productora se perdió de una gran oportunidad por ignorar estas reglas.

Hay buenas formas en el mundo digital que hacen la diferencia y que te pueden dar poder.

Capítulo 9

Un líder hecho y derecho: liderazgo, efecto Pigmalión y hablar en público

Tanto si piensas que puedes, como si piensas que no puedes, estás en lo cierto.

HENRY FORD

L iderazgo es convencer, y convencer es comunicar.

Las personas compran acciones de la empresa donde el CEO se escucha y se ve convincente; votamos por aquel que muestra entusiasmo y concordancia entre lo que piensa, lo que dice y lo que hace; creemos en aquella persona que se muestra segura y bajo control. Si una persona no logra persuadir, convencer y vender sus ideas, pondrá en riesgo su trabajo, su empresa y/o a su partido.

Si le das a alguien un discurso perfecto, pero esa persona no lo siente y cuando lo comparte no logra transmitir su esencia, se puede convertir en el peor discurso.

Liderazgo carismático

La personalidad es una mezcla entre temperamento y carácter; con el temperamento se nace, tiene una fuerte carga genética, pero el carácter se hace, se forja; participan los que nos educan, el entorno y la gente con la que convivimos en nuestro día a día.

Siempre podemos seguir mejorando y forjando nuestro carácter, el único camino es nunca dejar de aprender, hoy en día eso se puede hacer de varias formas: puedes entrar a buscar algo que te interese en YouTube, comprar un libro o registrarte a un curso.

Un médico reconocido que se dedicaba a contratar en un hospital de la ciudad estaba en una disyuntiva, ya que solo podía contratar a ocho de los 200 candidatos que se presentaban cada año buscando una oportunidad. En una ocasión llegó un estudiante que respondía a todo con mucha claridad y con un gran conocimiento, cuando el médico le preguntó de qué universidad venía, esperando escuchar alguna de mucho prestigio, se sorprendió cuando este le respondió que de una institución aislada de un pequeño pueblo en Veracruz. Sorprendido por la respuesta, el médico felicitó a sus maestros por todo el conocimiento que tenía, a lo que el estudiante respondió: "En realidad mucho de lo que he respondido hoy lo he aprendido en YouTube. Hoy en día hay acceso a los mejores maestros si se les busca. Nunca he dejado de prepararme".

Nosotros ya tenemos ciertas habilidades, pero podemos siempre seguir aprendiendo, el problema está en darnos por vencidos. Cada tiempo tiene nuevos retos, y hoy mejorar nuestras habilidades de comunicación puede hacer la diferencia.

Existen personalidades que tienden más a convertirse en grandes líderes naturales. El liderazgo se caracteriza por cautivar y generar entusiasmo e inspirar a los demás a dar su mejor esfuerzo. Las empresas que cuentan con un líder carismático tienen la gran ventaja de tener a la gente motivada, contenta, construyendo un buen ambiente y además con el fruto del buen rendimiento.

Hay muchos libros sobre liderazgo y muchas frases muy interesantes, pero a mí me encantó la explicación que dio Ismael Cala, un maestro con el que tomé un curso de comunicación en Miami. Él decía que un buen líder es aquel que sabe leer la energía del grupo, y que además sabe conducir esta energía hacia un fin. Sabe cuándo hablar, cuándo callar y cómo inspirar a las personas para alcanzar sus objetivos.

Pep Guardiola, el entrenador del equipo de futbol Manchester City y reconocido como un gran líder que logra motivar y sacar lo mejor de sus jugadores, ha dado varias entrevistas en las que reconoce la importancia de observar en el entrenamiento el lenguaje corporal de sus jugadores. Dice que algunas veces pasa que un jugador a pesar de ser una estrella no se encuentra en su mejor momento y a lo mejor le hace falta hablar, así que él debe tener el *feeling* de saber a quién y en qué momento debe motivar.

Cuando le preguntaron en una entrevista para qué era importante saber de lenguaje corporal, contestó: "Es una forma de ver el estado de ánimo o la emoción escondida que el jugador no expresa con palabras. El lenguaje corporal no es algo solo para observar y juzgar, es algo en lo que podemos intervenir y lograr cambios. Podemos enseñar a los jugadores a usar su cuerpo para autocontrolarse, para dar su mejor versión y ser más responsables".

Tanto para hablar en público, como para ser un buen líder, es importante tener un modelo a seguir. Detente a analizar a quien admiras. ¿Qué hace?, ¿cómo se para?, ¿cómo maneja los tonos de voz?, ¿cuándo hace las pausas? Debemos de tener una idea clara de cómo queremos ser percibidos e irla moldeando hasta alcanzarla.

Cuando pienso en liderazgo, la primera figura que viene a mi mente es mi mamá. Todavía me pasa que por donde voy me encuentro personas que fueron a sus clases de baile y me dicen: "Cómo extraño a tu mamá. Cambió mi vida", "Ella me ayudó tanto a ser más segura", "Creo que los años que estuvimos con ella en la clase de baile fueron los más felices de mi vida", "Con el baile nos ayudaba a burlarnos un poco de las cosas malas, a caminar con actitud, a reírnos de nosotras mismas y a perseverar hasta lograr la doble *pirouette*".

Es increíble que, aunque falleció en 2014, dejó una gran huella en tantas personas que aún se acuerdan con tanto cariño de ella.

Cuando estudiaba la maestría en la Anáhuac, un maestro nos mandó a leer varios libros sobre liderazgo y después a mí me tocó exponer. Pensaba en todas las cualidades que tienen y han tenido los grandes líderes en la historia, y la persona que venía a mi mente con esos rasgos era mi mamá.

Irma Garza nació en Monterrey, Nuevo León, siendo la segunda hija de un matrimonio que tuvo el atrevimiento y la osadía de divorciarse en plenos años cincuenta cuando eso era impensable en la sociedad mexicana.

Con la falta del padre en la familia vino todo tipo de carencias, desde la afectiva hasta la económica. Mi abuela se tuvo que ir a trabajar a San Antonio, Texas, como costurera. Ella ponía los *zippers* en los pantalones de hombres. "¡Braguetas! Justo de lo que voy huyendo", decía ella.

Sin más remedio que dejar a sus cuatro hijos en un orfanato en donde mi mamá y sus hermanos pasaban hambre y malos tratos. En ocasiones la comida era tan escasa que ella tenía que esconder un pedazo de pan entre su ropa, para sortear aquellos momentos en los que no les daban nada o los castigaban sin comer. Ella, siempre previsora, tenía al menos ese pan duro de algunos días atrás, mismo que compartía con sus hermanos. De hecho, en mi casa no se podía tirar nada, ni siquiera ese plátano negro que ya nadie quería. Jamás lo tirábamos.

Su odisea en el orfanato duró varios años, pero al salir de ahí, con unas ganas enormes de que ni ella ni sus hermanos jamás volvieran a pasar hambre, hizo todo lo que pudo por salir adelante. Y fue así que llegó a trabajar a la academia de baile de su tía Gloria. Aprendió muy rápido, llegando a ser una gran maestra. Años más tarde, abrió su propia academia: Las Zapatillas Rojas. Incansablemente, perseveró y cumplió su promesa de salir adelante no solo por y para ella, sino por sus hermanos. Ahí está mi gran ejemplo de liderazgo.

Y creo que precisamente el éxito de mi mamá como mujer y líder, tanto en su casa como en la vida profesional, fue saber vencer sus miedos y saber elegir la actitud que necesitaba en cada momento para enfrentar los retos que se le presentaban.

Ya viviendo en la Ciudad de México, se esforzó y, con el apoyo de mi papá, pusieron la Academia de las Tijerina. ¡Por fin! Otra meta que logró, pues antes iba a dar sus clases a casas particulares en donde le armaban un grupito. Con su grabadora y muchos casetes iba repartiendo alegría dando sus clases por la ciudad al ritmo de charlestón, *rock and roll* y tango.

Su academia, que empezó como afición, terminó siendo el principal sustento de la familia y gracias a esa academia yo pude ir al ITAM.

Estoy segura de que no soy la única que vio en su mamá el primer ejemplo de resiliencia y liderazgo en su vida. De hecho, en X (antes Twitter) recientemente vi una encuesta en donde alguien preguntaba quién era su más fuerte influencia de liderazgo, y no me sorprendió que, al ver los comentarios, más de 80 por ciento de ellos afirmara que su madre. Y yo coincido con esos resultados, si yo tuviera que describir las principales lecciones que me dejó mi mamá como líder son tres.

La primera es que para todo hay una solución. Cuando hubo una devaluación muy importante en el país, todos estábamos asustados, deprimidos, y ella, con toda la entereza de un líder, siempre nos decía: "A ver, tengo dos manos, tengo dos pies, mi cabeza, y toda la fuerza para seguir trabajando". La segunda, que nos tatuó en el alma, fue que siempre hay que destacar. "No importa si lo que tú quieres es ser barrendera, sé la mejor barrendera", nos decía. Y la tercera, a veces toca que te ayuden y a veces toca ayudar. Ella era siempre agradecida con las personas que le habían ayudado en el camino y no las olvidaba. A su academia de baile asistían tanto la hija de algún secretario de Estado como la hija de la empleada de la papelería de al lado, que no podía pagar. Y ese es su legado.

Si a ti también te ha pasado como a mí, que ante distintos retos te preguntas: ¿cómo voy a salir de esto?, ¿qué haría mi mamá en estas circunstancias?, empieza por creer en ti como tu mamá seguramente lo hacía, y aprende a mirarte con esa mirada que ella ponía en ti, con ese brillo y esa esperanza en que lograras tus metas.

El efecto Pigmalión

Cuando tenemos una firme creencia respecto a alguien, esta termina por cumplirse. Obtienes lo que esperas.

El efecto Pigmalión viene de una historia de Ovidio, en el libro 10 de *Metamorfosis*, del rey de Chipre que buscaba una mujer muy bella y, como no la encontraba, el monarca, que era muy bueno en las artes de esculpir, puso tanto amor en su trabajo que creó una mujer ideal en mármol, de la que acabó quedando profundamente enamorado. Fue entonces cuando la diosa Afrodita, impresionada por el amor que le tenía a la figura de mármol, le dio vida a la estatua, que llamó Galatea, la mujer perfecta para Pigmalión, su deseada amante y compañera.

Pero aquí hay varios detalles importantes, el mayor fue que puso tanto amor y dedicación en esa estatua, mirándola, deseándola, soñando con ella, que la convirtió en una mujer, se casó con ella y, como en los cuentos y leyendas, fueron felices para siempre.

Piénsalo, poner tanto amor en la atención a tus hijos, sus tareas, sus *hobbies*, en tu pareja, en tus alumnos, o en tu equipo de trabajo es importante. Lo que dice el efecto Pigmalión es que cuando creemos en alguien, lo sabemos motivar y le logramos transmitir nuestra confianza, ayudamos a que pueda alcanzar sus objetivos. Siendo conscientes de la fuerza de una creencia, podemos ser mejores líderes y ayudar a los demás a encontrar sus talentos y que logren su potencial. Entonces, cuando trates a la gente creyendo en su potencial, obtienes lo mejor de ellos.

Sobre esta filosofía, en 1966 los investigadores Robert Rosenthal y Lenore Jacobson llevaron a cabo un experimento con maestros, por lo que explicaron la importancia de las expectativas y/o suposiciones, demostrando que la realidad puede ser influenciada por las expectativas.

Hicieron una prueba a los niños y dijeron que la prueba era indicativa de la capacidad intelectual, cuando en realidad la prueba solo medía algunas aptitudes. A los maestros se les dijo que era de esperar que los alumnos que obtuvieran buenos resultados en el test tendrían avances sin precedentes en el transcurso del siguiente año. Lo cierto es que las pruebas no podían predecir tal cosa. Pero los resultados que observaron fue que ocho meses después estos niños, elegidos aleatoriamente, habían avanzado intelectualmente más que el resto. ¿Cómo es posible esto?

Al final estos niños obtuvieron mejores calificaciones. Los maestros, ante la creencia, fueron el Pigmalión de estos alumnos, pues crearon la escultura que esperaban, porque estos alumnos fueron tratados como si fueran muy inteligentes y ellos creyeron serlo, porque tuvieron toda la atención, los miraban, escuchaban y trataban como alumnos con competencias superiores a las del resto de sus compañeros. Por eso dicen que ¡creer es ver!

Cuando tratas a la gente creyendo en su potencial obtienes lo mejor. Igual puede suceder en sentido negativo, cuando tienes malas expectativas, y le dices a alguien que no lo va a lograr. Pones atención en todo lo que falla y así con cualquier error reafirmas tus creencias. Cuando tú transmites a los demás que no son buenos y que nunca lo serán, pierden la seguridad y el entusiasmo.

Hay personas que, sin querer, son el Pigmalión negativo, y solo te desmotivan: "Ay... no, mi hijita, esa carrera es muy difícil. Yo no te veo preparada".

Todos los que tengan contacto con personas pueden ser un Pigmalión positivo o negativo. Si tienes interés en sacar lo mejor de la gente que te rodea, es cuestión de poner buenas expectativas en ellos y demostrarlo escuchando con atención, sonriendo y esperando lo mejor. Cuando esperas cosas buenas, la gente te responde.

Lo que es muy importante es que realmente los maestros, los papás o los jefes crean en el potencial de las personas. No es magia, no es el sol ni los astros, es el cerebro el que dirige toda la energía a cumplirlo.

En una empresa, si el jefe les hace saber a los trabajadores que se espera lo mejor de ellos, cambia la dinámica. Puedes mejorar el ambiente de trabajo, la calidad del trabajo y el rendimiento de las personas.

Tú puedes ser tu propio Pigmalión, y creer en ti, y así cuando te dicen: "No vas a poder", lo adoptas con un retador: "Ah, ¿no?", para demostrarles que se equivocan.

El proceso que debes seguir es el siguiente:

1. Plantear el reto.
2. Recordar alguna situación de éxito.
3. ¡Actuar! Porque yo tengo que hacer algo.

Existe el falso Pigmalión que les hace creer a sus hijos que tienen cualidades que realmente no tienen. Todo el tiempo les dicen que son lo máximo y así inflan una autoestima sin fundamentos reales. Esos hijos pueden convertirse en unos narcisistas frustrados porque solo sus papás creen en ellos. También hay líderes en la empresa o el deporte que esperan demasiado. Cuando generamos una expectativa irreal, lo que hacemos es conducir a la frustración y al fracaso.

Tengo una amiga que tiene un consultorio de apoyo a niños con dificultades para aprender, y cuando entrevista a los papás nota que se quejan y dicen todo lo que no hacen sus hijos. Ella les cambia la pregunta y la perspectiva cuando les dice: "Ahora dime lo que sí hace".

Y muchas veces se les llenan los ojos de lágrimas porque se dan cuenta de que están muy atentos a lo malo y poco a todas sus cualidades. Entonces cambian el discurso y dicen cosas como "es un niño muy cariñoso", "siempre me ayuda", "cuida a su hermana…".

Para ser un Pigmalión positivo hay que quitar prejuicios. En el momento en que estás esperando algo negativo de alguien, cambia tu trato. Hay que tener paciencia porque los cambios llevan tiempo y tener esas ganas de que el otro crezca. Hay que buscar y reconocer el talento de cada quien. Lo ideal es que alguien te anime y crea en ti, pero si no hay nadie así, tú puedes ser tu propio Pigmalión. Por eso es tan importante el diálogo con uno mismo, pues todo el tiempo nos decimos cosas y a veces somos nuestros peores enemigos. Debemos procurar que ese diálogo interno sea benevolente con uno mismo.

Contamos con un gran recurso que consiste en recordar cuando hayas superado un reto, si lo lograste una vez, lo puedes volver a hacer.

Y algo muy importante es actuar, no solo soñar. Para que algo ocurra, tú tienes que hacer algo. Nadie va a llegar a tu casa a tocar la puerta para ver si quieres trabajar.

El mundo necesita soñadores y el mundo necesita
hacedores. Pero, sobre todo, el mundo
necesita soñadores que hacen.
SARAH BAN BREATHNACH

La otra situación que debemos considerar es que a veces el reto no depende de ti. Cuando dices: "Ese trabajo lo consigo porque lo consigo", realmente no sabes bien qué valore el reclutador y eso sería muy frustrante. Lo que no está bajo tu control no te determina a ti ni a tu desempeño.

Cuidado con el lenguaje interno tóxico. Basta con ser realista y decir: "No lo logré porque no estaba preparada o porque había una persona más adecuada". Hay que ser un observador: qué tiene esta persona de talento que yo pueda potenciar.

El mayor bien que podemos hacer por alguien
no es compartir nuestra riqueza con ellos, sino
revelarles las suyas.
ZIG ZIGLAR

El lenguaje corporal del liderazgo

Es la manera como alguien con todo su cuerpo está dispuesto a encontrar y potenciar los talentos de los demás. Pero cuando se trata de mejorar tus cualidades, no se trata de cambiarte por completo o de mostrarte como alguien que no eres, eso sería atentar contra tu autenticidad. Lo interesante es que con solo modelar ciertos gestos puedes lograr lo que te propongas.

Abrir el pecho, hombros abiertos, separar los pies, el cuello largo y estirado, son símbolos de poder, sin embargo, el poder no es fuerza, es controlar el ambiente para transmitir todo el tiempo aplomo y seguridad. No se trata de obligar o forzar —el poder es transmitir las ideas para persuadir y provocar acciones—, sino de estar cómodo contigo mismo.

Todos podemos mostrar una imagen, una voz y una actitud que nos acerquen a nuestro verdadero potencial. Me ha tocado trabajar con hombres y mujeres que aun en puestos de alto nivel dudan, se empequeñecen y me toca mostrarles cómo con pequeños cambios llegan a donde les corresponde.

Hoy en día, se buscan líderes que logren conectar con los demás. Estos tiempos exigen nuevas cualidades y, como decía Darwin, sobrevive el que se adapta.

El lenguaje corporal funciona en dos direcciones, por un lado, proyecta hacia afuera cómo te sientes y, por el otro, establece un estado mental como consecuencia de tus posturas.

¿Cómo podemos utilizar esa segunda posibilidad? Es muy común que te digan "sonríe y el día se verá mejor". Sonreímos de una manera involuntaria cuando estamos contentos y sentimos agrado, pero también podemos sonreír como una respuesta voluntaria, deliberada y consciente. Hay varios estudios que demuestran que sonreír produce endorfinas, lo cual ayuda a reducir el dolor, y serotonina, y estas sustancias juntas ayudan a mejorar el humor, el estado de ánimo y a sentirte positivo.

De la misma manera, la postura y la forma de caminar modifican tu mentalidad. Una comunicación asertiva y clara, acompañada de un lenguaje corporal adecuado, pueden ser tu mejor arma para proyectar seguridad y poder.

La psicóloga social Amy Cuddy encontró en sus estudios que mantener una pose de poder (que llama *Wonder Woman*), con los pies separados, la cabeza en alto y los brazos de jarra, durante dos minutos, hacía que las personas fueran más seguras y convincentes, causando una supresión del cortisol, hormona que se vincula al estrés e inseguridad.

Su frase *fake it until you make it* (fíngelo hasta que lo domines) consiste en adoptar poses de seguridad y poder hasta que la mente se lo crea y las haga suyas.

Los deportistas también hacen uso de este recurso.

En cuanto a la política y los negocios, hoy en día necesitamos líderes no reactivos, con inteligencia emocional, que durante situaciones estresantes puedan mostrarse calmados y serenos.

Cuando perdemos el control, nuestra visión se estrecha, el cerebro entra en modo luchar, pelear o huir y es muy difícil fingir u ocultar nuestro estrés, tendremos inquietud y una serie de gestos nos delatarán que estamos siendo dominados por una emoción.

Mantener la calma, respirar y esperar que nuestro cerebro racional proporcione una respuesta es una estrategia para no actuar de una manera reactiva.

En esta calma o serenidad, una de las armas poderosas es el silencio estratégico. No llegues hablando, haz una pausa, deja que el otro hable. Eso es tener el control de la interacción. Un silencio, en un momento oportuno, es una fuerte señal de poder.

Si tienes una entrevista de trabajo o una reunión importante, es normal estar nervioso, pero trata de "engañar a tu cuerpo" y trata de mostrarte sereno, seguro. Cuida tu postura, respira como lo haces cuando estás tranquilo, suelta y dales libertad a tus brazos.

Una persona segura se distingue desde su forma de caminar, practícalo y recuerda: cabeza en alto, brazos sueltos, sin prisa; un líder no tiene prisa. Incluso observa la postura que asume un alfa al caminar; soltar los hombros para que se muevan podría resultar hasta sexy.

El movimiento de hombros en el alfa equivale al movimiento sutil de la cadera en una mujer segura de sí misma al caminar.

Hablar en público

Un maestro me enseñó que para llegar al corazón hay que hablar desde el corazón. El miedo a hablar en público es de los más comunes, es una forma de ansiedad frecuente. Es normal sentirse nervioso o ansioso en ciertas situaciones, y hablar en público no es la excepción. Se conoce como "ansiedad por el desempeño", y otros ejemplos son el miedo escénico, la ansiedad ante los exámenes y el bloqueo mental del escritor.

Puede variar desde un nerviosismo leve a un miedo que llegue a paralizarte y generar un pánico real. Muchas personas con este miedo evitan las situaciones en las que tienen que hablar en público por completo, y de tener que pasar por ellas, sufren sudoración en la cara, inquietud en las manos y les tiembla la voz. Por eso es importante persistir, y tratar de practicar muchas veces para ir superándolo. La preparación y la persistencia podrán ayudarte a superar el miedo.

Antes de empezar a hablar, procura que en tu rostro pueda leerse lo que vas a decir.
MARCO AURELIO

Recuerda la regla de oro, cree en ti. Si tú no lo haces, ¿por qué los demás deberían de hacerlo?

1. **No tengas prisa.** El estrés nos hace movernos rápido, y querer acabar con el compromiso. Un líder no tiene prisa y es dueño de su tiempo. Cuando entraba Napoleón a una habitación o a un foro, primero se hacía dueño del lugar. Su acento de Córcega no le ayudaba, su estatura tampoco, pero su presencia se sentía en cada molécula del aire. Para cuando empezaba a hablar ya tenía al público en el bolsillo. También así era Colin Powell, el exsecretario de Estado de Estados Unidos, no sé si por su carrera diplomática-militar, entraba a una habitación y todos se quedaban quietos, expectantes. Él estaba cómodo con él mismo, se tomaba su tiempo, entraba, se sentaba, miraba a su alrededor y el público ya estaba a merced de su atención.

2. **Visualiza tu éxito.** Imagina que tu presentación saldrá bien. Los pensamientos positivos ayudan a reducir parte de la negatividad sobre tu desempeño social y alivian un poco la ansiedad.

   Esta técnica la usan muchos deportistas y consiste en imaginar cómo vas a jugar, y cómo vas a ganar. En alguna ocasión le preguntaron a Federer que cómo le hacía para recuperarse de un mal *score* y salir adelante. Él decía que había aprendido a usar la mente a su favor. Imagina antes de ese evento cómo entras, cómo lo haces y cómo sales satisfecho. Incluso si puedes ir a ver el lugar en donde vas a hablar te puede ayudar a reducir el estrés.

3. **Prepara tu material.** Tú lo sabes mejor que tu público.

No hay mejor improvisación que la planeada y tu peor enemigo puede ser la flojera o el exceso de confianza que te lleve a no planear y estudiar bien qué quieres decir y cómo quieres decirlo.

4. **Usa apoyos visuales.** Busca que sean muy simples y considéralos un suplemento y no la esencia de la plática. Piensa que en caso de no poder usarlos porque la computadora no funcione o algo, la plática sigue adelante. Como dicen en China: "La lengua puede ilustrar lo que el ojo no puede ver".

5. **Si tu exposición incluye números, cuida que solo sean los necesarios.** Piensa que seguro al día siguiente el auditorio no recordará esas cifras, pero se acordará si fueron precisas. Para que sean funcionales y el público lo entienda mejor, recuerda que si vas a usar números cumplan con las tres R que me enseñó un maestro en preparatoria: reduce, redondea y relaciona.

6. **Domina el humor.** Si vas a poner algo gracioso en tu presentación, es importante que sea relevante, que sea oportuno, que entretenga y tiene que ser espontáneo, nunca lo leas.

7. **Respira profundamente.** Esto puede ser muy relajante. Inhala lenta y profundamente dos o más veces antes de subir al estrado y durante el discurso.

8. **Ensaya y practica.** En un especial que hicieron Liza Minnelli y el bailarín ruso Mikhail Baryshnikov, les preguntaron: "¿Cómo se llega a Broadway?". A lo que respondieron: "Practicando, practicando y practicando. Es lo más real, quieres dominar tu discurso o cualquier cosa,

tienes que practicar".

9. **Quema algo de la energía extra que provoca la adrenalina.** Haz lagartijas, camina, respira y suéltate para que estés listo para hacer tu presentación.

10. **Disfrútalo, las cosas que se hacen con amor siempre salen mejor.** Cuando das un mensaje en público hay tres amores importantes:

- Quiérete a ti por hacer el esfuerzo.
- Quiere a la gente que se lo vas a comunicar.
- Ama el mensaje, que es un regalo que estás dando.

Conclusiones

Dile que sí, aunque te estés muriendo de miedo, aunque
después te arrepientas, porque de todos modos te vas a
arrepentir toda la vida si le contestas que no.

GABRIEL GARCÍA MÁRQUEZ

En mi trabajo del día a día he podido ver cómo personas han logrado una mejor imagen de poder, yo misma he sabido utilizar estas técnicas para enfrentar distintos retos. Esto no quiere decir que muchísimas veces no me muriera de miedo antes de enfrentarme a un reto, por eso me interesaba tanto estudiar cómo encararlos. Tal como lo expresó Nelson Mandela: "He aprendido que el valor no es la ausencia de miedo, sino el triunfo sobre él. La persona valiente no es la que no siente miedo, sino la que lo domina". En una ocasión particular también tocó poner a prueba mi propio valor.

Conocí a un diplomático con el que tenía interesantes conversaciones vía X (antes Twitter) sobre imagen política, en específico, las posturas que debía adquirir al saludar. Siempre pensé que me encantaría trabajar con él, hasta que un día vi frente a mí una oportunidad de cumplir tal deseo. Estaba en un evento que se llamaba La Ciudad de las Ideas, en Puebla, y él era parte del panel de conferencistas en un debate que yo estaba presenciando. Al terminar su presentación visualicé todo y entendí que era mi oportunidad de hablarle personalmente y me dije: "¡Ahora o nunca!".

Le di la vuelta al escenario del Centro de Convenciones e ingresé por la puerta de atrás, por donde solo entraban personalidades, organizadores y VIP. Había muchísimo personal de seguridad, ya que estaban varios personajes importantes tanto de la política como de las artes y del entretenimiento; hasta el príncipe Andrew, el hijo de la reina de Inglaterra, había sido invitado.

Cuando llegué con el guardia lo primero que hizo fue negarme el acceso, sin embargo, yo, que me moría de miedo, me concentré en el dominio de mi lenguaje no verbal y me mostré lo más segura que pude para decirle que tenía una cita particular con el diplomático. Lo dije con tal seguridad que no se atrevió a dudar de mí. Y así fue que me dejó pasar. Ya adentro del área VIP, tuve que pasar un segundo filtro y repetí la misma estrategia. Con total confianza y aplomo le dije que tenía una cita particular con este personaje, que me estaba esperando. Jamás dudé de que iba a conseguir mi objetivo y dio resultado.

Minutos más tarde me encontré frente a frente con mi amigo y después de charlar brevemente llamó a su secretario particular y le dijo: "Quiero que se pongan de acuerdo y nos coordines para que Bárbara me asesore". Confieso que también tuve que hacer uso de todas las técnicas de lenguaje no verbal para que me viera natural, bajo control y no salir bailando.

A partir de ahí surgió una gran amistad, con un alumno muy atento y abierto a mejorar siempre. Tuve la oportunidad de enseñarle el camino en su proceso de mostrarse como una persona más carismática, persuasiva y más empática, es decir, una figura con mayor poder.

Este transitar me ha llevado a conocer a un embajador de otra nación, a un primer ministro, hasta a varios expresidentes, extraordinarios deportistas, y aún más personas maravillosas. Todos ellos me han permitido formar parte de su vida y de su propio crecimiento, mediante respuestas que eran a veces ilustraciones, incluso las plasmadas en una servilleta o en un papel, siempre con la intención genuina de ayudarlos a hacer uso de su lenguaje no verbal.

Y es que esto es justamente el resultado de aplicar todo lo que vimos en el libro.

En los albores de la historia hemos visto personajes que han logrado alcanzar esa categoría de personajes ilustres que se recuerdan por generaciones debido a que tomaron una decisión, fueron congruentes y así son figuras que ejercen el poder.

El presidente Zelenski ha enfrentado un conflicto armado que lo ha llevado al límite, mostrando una imagen de un líder a la altura del problema que enfrenta. No solo por las decisiones que ha tomado, sino por su lenguaje no verbal, el cual ha sido una lectura congruente para el resto del mundo; donde detalles como su cercanía con la gente y empatía con sus soldados develan una apariencia poderosa, que acompaña con el mensaje de su sudadera, símbolo tan eficaz como la boina del Che Guevara, el cuello de la camisa de Mao o el puro de Churchill.

Es por esto la importancia de saber contar nuestra propia historia a partir de las herramientas que te brinda el lenguaje no verbal.

¿Qué es lo que quieres mostrar?

Mark Twain dijo: "Los dos días más importantes de tu vida son el día en que naces y el día en que descubres por qué". Yo desde niña jugaba a que era la maestra y le hacía exámenes a mi amiga Violeta. Según mi madre, uno podía no tener clara su vocación, pero bastaba con ver en retrospectiva cómo era uno en su infancia para obtener una respuesta clara. La vocación de maestra la desarrollé durante las clases de baile. Ahora en esta nueva etapa amo dar clases, disfruto ver el lenguaje no verbal de mis alumnos, cómo disminuye el parpadeo cuando están interesados, cómo brillan los ojos cuando menciono algo que les logra inspirar.

Con este libro cumplo mi sueño de seguir enseñando y espero que los consejos de los que yo he aprendido y aquí comparto te sean útiles. A través de mis redes sociales y página web puedes dejarme tus comentarios, así que no dudes, te estoy esperando para que profundicemos aún más en el maravilloso mundo de la comunicación no verbal.

Ahora espero que en la misión de este libro conecte contigo y te haga una persona que represente la mejor imagen que te ayude a alcanzar todo lo que te mereces al descubrir *el poder del lenguaje sin palabras.*

Bibliografía

Birdwhistell, Ray L., *El lenguaje de la expresión corporal*, Gustavo Gili, Barcelona, 1979

Cuddy, Amy, *Presence*, Little, Brown and Company, Nueva York, 2015.

Darwin, Charles, *La expresión de las emociones en el hombre y los animales*, Intermundo, Buenos Aires, 1946.

Davis, Flora, *La comunicación no verbal*, Alianza, Madrid, 1976.

Ekman, Paul, *Cómo detectar mentiras*, Paidós, Barcelona, 2005.

Fisher, Helen, *Anatomy of Love*, Independent Publishers, Nueva York, 2016.

Goleman, Daniel, *Inteligencia emocional*, Kairós, Barcelona, 1996.

Greene, Robert, *The Laws of Human Nature*, Penguin Random House, Nueva York, 2018.

Gutiérrez–Rubí, Antoni, *Gestionar las emociones políticas*, Gedisa, Madrid, 2019.

López Pérez, Rafael., Gordillo León, Fernando, Grau Olivares, Marta, *Comportamiento no verbal, más allá de la comunicación y el lenguaje*, Pirámide, Madrid, 2016.

Navarro, Joe, *What Everybody is Saying*, Harper Collins, Nueva York, 2007.

Patterson, Miles, *Más que palabras, el poder de la comunicación no verbal*, UOC, California, 2011.

Pease, Allan, y Barbara Pease, *The Definitive Book of Body Language*, Bantam, Nueva York, 2004.

Rachman, Gideon, *La era de los líderes autoritarios*, Crítica, Barcelona, 2022.

Rodríguez Escanciano, Imelda, *Imagen política modelo y método*, Gestión 2000, Barcelona, 2021.